UNIVERSITÉ DE PARIS. — FACULTÉ DE DROIT

LES RETRAITES POUR LA VIEILLESSE ET LES SOCIÉTÉS DE SECOURS MUTUELS

THÈSE POUR LE DOCTORAT

Présentée et soutenue le 30 Avril 1900, à 8 heures 1/2

PAR

Georges BERJONNEAU

AVOCAT A LA COUR D'APPEL

Président : M. JAY.

Suffragants { MM. DESCHAMPS, *Professeur.*
SOUCHON, *Agrégé.*

PARIS

LIBRAIRIE NOUVELLE DE DROIT & DE JURISPRUDENCE

ARTHUR ROUSSEAU, ÉDITEUR

14, RUE SOUFFLOT, ET RUE TOULLIER, 13

1900

THÈSE

POUR LE DOCTORAT

UNIVERSITÉ DE PARIS. — FACULTÉ DE DROIT

LES RETRAITES POUR LA VIEILLESSE ET LES SOCIÉTÉS DE SECOURS MUTUELS

THÈSE POUR LE DOCTORAT

L'acte public sur les Matières ci-après sera soutenu le 30 Avril 1900, à 8 heures 1/2

PAR

Georges BERJONNEAU

AVOCAT A LA COUR D'APPEL

Président : M. JAY.

Suffragants MM. DESCHAMPS, *Professeur.*
SOUCHON, *Agrégé.*

PARIS

LIBRAIRIE NOUVELLE DE DROIT & DE JURISPRUDENCE

ARTHUR ROUSSEAU, ÉDITEUR

14, RUE SOUFFLOT, ET RUE TOULLIER, 13

1900

LES RETRAITES POUR LA VIEILLESSE
ET LES SOCIÉTÉS DE SECOURS MUTUELS

INTRODUCTION

« La grande affaire de notre temps est la découverte « des garanties sociales à substituer à celles que la « Révolution a détruites et dont le régime industriel « rend l'absence encore plus saillante (1) ».

S'il est, en effet, une époque qui se soit donné pour mission d'améliorer le sort du plus grand nombre et qui ait fait de cette idée sa sollicitude principale, c'est bien le XIXe siècle. — A chaque période de la civilisation correspond sa tâche.... Si la fin du dernier siècle a réalisé et fondé pour jamais le progrès politique, ce sera l'éternel honneur et l'œuvre propre de notre temps, d'avoir sinon résolu, du moins posé avec quelque netteté et entrevu dans toute son étendue le problème de la misère.

Pouvait-il en être autrement ?... La Révolution brisant le réseau de chaînes qui depuis plusieurs siècles

(1) LAURENT, *Le Paupérisme et les Associations de Prévoyance* (t. I, introduction).

enserrait l'ouvrier, avait fait table rase de tous les monopoles et de tous les privilèges...

...Mais, en donnant à l'homme cette liberté complète, elle le laissait sans liens, et le livrait seul et désarmé à la merci du plus fort. Elle lui donnait des perspectives nouvelles, mais que de dangers en plus.

En même temps, l'ère industrielle commence ; avec elle apparaît la concurrence illimitée, l'accroissement désordonné de la population ouvrière, la substitution des machines à la main d'œuvre et des grandes fabriques groupées sur des bassins houillers aux petits ateliers urbains et ruraux ; la confection en masse au lieu de l'ouvrage commandé, l'agglomération des ouvriers autour d'une grande manufacture. Partout l'isolement de l'ouvrier, vis-à-vis de ses camarades, vis-à-vis des autres classes sociales.

Et cependant, dans toute l'Europe, les nations sont entrées dans une période d'activité inconnue jusqu'à ce jour. Grâce aux découvertes merveilleuses de la science, toutes les branches de l'industrie sont en voie de progrès, et on n'entend parler que du grand bien-être qui va en résulter.

Mais, qu'est-ce à dire ? Ne songerait-on, en parlant ainsi, qu'aux classes fortunées de la Société ? et le progrès industriel au lieu de contribuer à l'accroissement du bien-être et à l'élévation morale des classes inférieures, les aurait-il fatalement vouées à la misère et à la démoralisation !

En effet, avec l'ère industrielle est né ce fléau terrible auquel les économistes ont donné le nom de paupérisme et qui n'est autre que la misère atteignant des populations entières d'ouvriers, qui le transmettent invariablement avec son cortège de souffrances à leurs descendants : Fléau atteignant les facultés physiques et morales de l'ouvrier et contre lequel il essaierait de s'insurger en vain (1).

Toutefois, et malgré l'apparition de ce mal terrible qui fait une ombre si noire dans le tableau de l'industrie contemporaine, n'y aurait-il pas dans cette série de faits nouveaux et complexes deux effets bien distincts : l'un bienfaisant, l'autre funeste : l'un permanent, l'autre transitoire. La résultante générale de cet état social nouveau ne sera-t-elle pas un jour l'aisance absolue de toutes les classes.

Pour arriver à ce bonheur général, une classe tout entière longtemps encore sera obligée de souffrir, et cette classe sera celle qui est plus exposée que les autres aux chances bonnes ou mauvaises de la vie et à tous les effets de la concurrence.

D'un autre côté, en passant de la servitude à l'indépendance, des corporations au travail libre, de la quiétude à la lutte qui développe les facultés et trempe les caractères, l'homme s'est élevé à la vraie dignité.

(1) LAURENT « le paupérisme, c'est la misère soufferte en commun frappant toute une classe de la population ; c'est la misère transformée en un état normal et régulier », *op. cit.*

Aussi, aujourd'hui, malgré quelques cas isolés, la faveur populaire a abandonné tous les systèmes qui, par suite d'un faux amour de l'humanité, prédisaient l'heure du bonheur universel et se faisaient fort d'un coup de baguette de transformer la face du vieux monde. Assez longtemps, les esprits de ces ouvriers ont été imbus de ces idées mauvaises, et si, le moment présent, ils ajoutent peu de prise aux paroles de ces apôtres, c'est qu'ils ont eu la perception exacte de leurs droits et de leurs devoirs et qu'ils se sont aperçus que le salut résidait en eux-mêmes (1). « Le prolétariat ne « doit plus se laisser aller aux espérances irréalisables. « Il ne verra pas sortir son salut d'une substitution « violente ou d'une théorie ; il doit l'enfanter lui-« même » (2).

Mais, par quels moyens ? La Révolution française, en brisant le lien corporatif, avait laissé l'ouvrier isolé, par conséquent sans forces. Si le principe exclusif et anti-libéral de la jurande ou corporation close a été jugé depuis suffisamment mauvais pour qu'on n'ait pas à regretter qu'il ait été aboli en même temps que les autres abus de l'ancien Régime, on est en droit de se demander cependant si la suppression n'a pas été trop radicale, et si dans cette forme condamnée ne va pas se trouver la formule d'où sortira le salut de l'ouvrier...

(1) Il n'y a qu'un homme qui puisse sauver l'ouvrier de la misère et cet homme, c'est l'ouvrier.

Jules Simon.

(2) Maze, *La lutte contre la misère*, p. 13.

N'est-ce pas en effet de cette forme vermoulue et vicieuse que se dégagera l'idée si tutélaire de l'association ?

Toutefois, on ne s'est pas aperçu au premier abord que l'association pouvait seule assumer la tâche de lutter contre la misère et bien des remèdes ont été essayés, qui, bien que partant d'une idée généreuse, n'ont fait qu'aggraver le mal qu'ils s'étaient donné pour mission de détruire.

La charité est dans l'ordre des faits le premier moyen qu'on ait opposé à la misère. Malgré les secours nombreux qu'elle a apportés à quelques indigents, la charité privée aussi bien que la charité officielle est jugée depuis longtemps, et elle n'a pas fait faire un pas de plus à la question qui nous occupe ; les résultats sont là probants.

M. de Watteville, inspecteur général des établissements de bienfaisance, dans son *Rapport sur la situation du paupérisme en France* (1), consigne les résultats fournis en fait de secours par tous ces établissements charitables.

Sur 36,820 communes et une population de 35,400,486 âmes (1847), 9,336 communes dont la population est de 16,521,883 habitants possédaient un bureau de bienfaisance. Le nombre des indigents inscrits sur les contrôles de ces bureaux était de 1,329,659.

Le revenu total des bureaux de bienfaisance était

(1) De Watteville, *Rapport sur la situation du paupérisme en France.*

de 17,381,257, en moyenne, 1,861 fr., 2,000 bureaux à peine touchaient cette moyenne. Un bureau, celui de Paris, avait une recette de 2 millions, celui de Saint-Ythaire (Saône-et-Loire) avait perçu 51 centimes.

1,062 bureaux ne possédaient rien ; 7,000 avaient moins de 1,000 fr. de revenu ; 5,400 moins de 500 ; 2,000 moins de 100 fr. La moyenne annuelle des secours pour chaque indigent était de 12 fr. 70, réduits à 10 fr. 42 par les frais d'administration.

« Cette moyenne des secours, conclut M. de Watte-
« ville, est tout à fait insuffisante et l'on peut dire
« hardiment que, si la moyenne dont il s'agit n'était
« pas distribuée aux pauvres, ces derniers n'en seraient
« pas plus malheureux ».

En présence de ces faits, certains économistes rigides ont condamné en bloc toutes les œuvres charitables. La vérité n'est pas dans ces systèmes extrêmes et malgré tout, la charité privée est nécessaire. Il y aura toujours dans une Société un certain nombre d'individus incapables, malgré tous les progrès, tous les stimulants donnés à l'énergie individuelle de s'approprier ou de conserver des valeurs suffisantes pour échapper aux privations. Il ne faut pas, du haut des principes, condamner les individus à la misère quand même cette misère serait occasionnée par l'indigent lui-même qu'on va secourir. Il faut dire plutôt avec M. Clément (1)

(1) Dans son livre sur les *Recherches de l'indigence.*

que « la bienfaisance est le complément obligé des « institutions sociales qui garantissent la jouissance « exclusive des propriétés à ceux qui les ont acquises « par le travail ou par une légitime transmission, qui, « au milieu des Sociétés où tous les moyens de « subsistance sans exception sont des propriétés, ceux « qui, ne possédant rien, sont en même temps frappés « de l'impuissance d'acquérir par le travail ne pour« raient être délaissés que par des populations abru« ties, privées de sentiment de pitié, de bienveillance, « de charité dont les développements sont l'un des « plus heureux effets et l'un des signes les plus cer« tains d'une véritable civilisation, par des populations « qui rétrograderaient rapidement vers la barbarie...

Quant à la charité légale, il faut conclure avec M. Duchatel (1) que le mécanisme artificiel d'une telle assistance pour les pauvres n'a d'autre effet « que de déranger le mécanisme mieux ordonné de la nature » « que la charité légale dans son imprudence entre« prendra une œuvre impossible et détournera de la tâche « les œuvres plus puissantes qui pourraient l'accom« plir ».

L'impuissance de ces deux institutions tient à ce fait qu'au lieu de chercher à prévenir la misère en en découvrant les causes, elles ne s'efforcent que de la soulager et luttent stérilement contre ses effets. Que la charité

(1) *De la charité*, IIe partie, chap. I, p. 70.

soit préventive et alors, au lieu de voir ses bons effets fuir après l'acte qui les a produits ; au lieu de voir les besoins auxquels elle est venue en aide se reproduire quelques heures après ; au lieu d'être obligée de reconnaître douloureusement la complète inanité de ses efforts, elle verra ses bienfaits se prolonger par leurs résultats, ses bonnes œuvres lui survivre éternellement, ses sacrifices se transformer en un capital productif dont la Société autant que l'indigent recueillera les résultats.

Car, l'imprévoyance, telle est la vraie cause de l'indigence, de la misère, du paupérisme. C'est pour ne pas avoir essayé de changer toutes les habitudes mauvaises de l'ouvrier, que la charité privée et publique sont demeurées impuissantes.

Voilà donc trouvée la vraie cause de la faiblesse de l'ouvrier. C'est seulement par l'épargne que ce dernier peut aspirer à un sort meilleur. Elle est le complément nécessaire du travail, car il faut que le travail fasse vivre non seulement aujourd'hui, mais demain, mais toute la vie.

Mais, seule, isolée, cette épargne péniblement acquise, enlevée souvent aux besoins les plus urgents de l'ouvrier, que peut-elle ? Gagnant souvent un maigre salaire, l'ouvrier ne songe guère à la réaliser, et il aime mieux augmenter un peu son bien-être que de réserver pour l'avenir cette fraction sans importance, dont il est trop porté à prendre peu de soins.

Et une fois découverte la cause de la misère de l'ouvrier, la vertu de l'épargne reconnue, on crut qu'en mettant à sa disposition des caisses destinées à recevoir ses économies, on aurait résolu victorieusement le problème du paupérisme.

Or, malgré les résultats éminemment bienfaisants rendus par les Caisses d'épargne, il faut bien avouer qu'elles ne sont pas le dernier mot de la prévoyance. Si par la pratique de l'économie qu'elles imposent, elles tendent à propager les plus saines habitudes, elles ne répondent pas à tous les besoins du travailleur. Le retrait des fonds est facultatif à toute époque. Il n'y a donc pas là de digue assez forte contre l'entraînement et la dissipation. Puis, la somme versée s'accroît dans des proportions très faibles, et atteignît-elle le maximum légal qu'elle serait encore impuissante à lutter contre ces deux fléaux, qui doivent être toujours présents à l'esprit de l'ouvrier : la maladie et la vieillesse. Si donc il convient de propager le plus possible les caisses d'épargne, s'il faut les considérer dans une large mesure comme un instrument de salut pour l'ouvrier, il faut cependant chercher dans une autre forme un moyen plus décisif et plus souverain.....

Ce moyen, nous l'avons à nos côtés. Nous voyons tous les jours fonctionner sous nos yeux une institution dont les bienfaits nombreux sont un sûr garant de l'excellence de son principe. L'association mutuelle, telle est en effet la formule magique qui sera assez puissante pour lutter victorieusement contre le fléau du paupérisme (1). Par la pratique de l'association qui centuple les forces isolées (2), elle multiplie à l'infini les bienfaits de l'économie, et donne en même temps à l'ouvrier qu'elle moralise, l'assurance du secours pendant toute sa vie...

C'est par elle qu'on fait entrer dans l'esprit de l'ouvrier ces principes de solidarité et de fraternité, seuls remèdes efficaces contre l'individualisme et contre l'isolement des classes. « La Société de Secours mutuels « avec ses membres honoraires, ses réunions frater- « nelles du maître et de l'ouvrier dans le sein même « de l'usine ou en dehors, réunions qui seraient bonnes, « ne fût-ce que par le fait d'une délibération commune : « mais où l'on ne se contente pas de délibérer, où l'on « s'aime parce que l'on s'est connu, parce qu'on a lu « dans le cœur les uns des autres, où les défiances dis- « paraissent, où les malentendus s'aplanissent, où les « plus élevés, sachant qu'ils ont charge d'âme, sentent « le besoin de donner aux plus humbles le plus grand « des enseignements, celui de l'exemple » (3).

Le malheur de notre temps, a dit encore Michel Chevalier (4), précisant le remède à appliquer au mal décrit tout

(1) Si tous les travailleurs appartenaient aux Sociétés de Secours mutuels, le prolétariat, dernier reste de la servitude, cesserait. La classe ouvrière existerait par elle-même, elle aurait une condition indépendante (*Revue des Deux-Mondes*, 1er novembre 1859).

(2) Où dès le premier jour un et un fait trois (LEGOUVÉ).

(3) LAURENT, *op. cit.*

(4) Michel CHEVALIER, *Questions politiques et sociales.*

à l'heure, c'est « qu'on est parvenu à couper la société « en deux camps, entre lesquels un fossé profond est « creusé : la bourgeoisie d'un côté et l'ouvrier de « l'autre. Vainement ces deux intérêts sont de par la « force des choses solidaires ; on les a mis en état « d'hostilité, tantôt flagrante, tantôt dissimulée. Le « rapprochement entre ces deux forces si bien faites « pour s'entr'aider sera le signe que la Révolution est « terminée et que nous sommes sauvés. Tout ce qui « est de nature à favoriser cet accord doit être accueilli « avec empressement et reconnaissance. On concevrait « difficilement rien qui y fût plus propre qu'une ins- « titution au sein de laquelle le bourgeois et l'ouvrier « réunis spontanément en grand nombre, s'occupe- « raient à titre d'associés et de collègues d'une œuvre « de bienfaisance dont profiteraient les classes néces- « siteuses en y contribuant elles-mêmes ».

Les membres honoraires des Sociétés de secours mutuels, — voilà donc le fossé comblé, voilà notre formule trouvée : il n'en est aucune de plus féconde, de plus populaire et qui puisse s'adapter ainsi à tous les états sociaux.

Avant d'aborder le problème de la constitution des Retraites par les Sociétés de secours mutuels, il est indispensable de faire connaître une institution qui a avec les Sociétés de secours mutuels une parenté très étroite.

La Caisse nationale des Retraites pour la vieillesse, créée en France par la loi du 18 juin 1850, a rendu d'immenses services à la mutualité (1).

Les Sociétés de secours mutuels et la Caisse nationale des Retraites pour la vieillesse sont deux institutions sœurs. Elles marchent vers le même but et se complètent l'une l'autre. Sans la Caisse des Retraites, les Sociétés de Secours mutuels ne pourraient remplir qu'une partie de leur mandat social.

La loi du 18 juin 1850, remplacée aujourd'hui par la loi du 20 juillet 1886, a plus fait pour le développement de l'idée mutualiste que toutes les dotations gouvernementales.

Nous allons étudier la genèse et le développement de cette admirable institution ; et chemin faisant, nous lirons sur les livres de la Caisse des Retraites l'histoire des Sociétés de Secours mutuels....

(1) Pour que les Sociétés de Secours mutuels rendent tous les services dont elles sont susceptibles, il faut que leur action soit combinée avec la Caisse des Retraites (Maze, *Rapport sur la Caisse nationale des Retraites pour la vieillesse*).

CHAPITRE PREMIER

LA CAISSE NATIONALE DES RETRAITES POUR LA VIEILLESSE

---

§ Ier. — Origines de la Caisse des Retraites.

L'idée d'une Caisse générale des Retraites entre les mains de l'État n'est pas nouvelle...

Le premier projet d'un établissement de ce genre fût conçu et développé à Londres en 1772, par le mathématicien Mazérès, français d'origine (sa famille s'était refugiée à Londres à la suite de la révocation de l'édit de Nantes). Le maximum de la rente fixée par ce projet était de 20 livres sterling et la garantie de l'État était réclamée. Un bill conforme à ce projet fut présenté en 1773 à la Chambre des communes qui l'adopta. A la Chambre des Lords, il fut repoussé. Le projet, reproduit par Pitt, en 1786, n'eût pas plus de succès. Ce n'est qu'en 1833 qu'on est parvenu à organiser en Angleterre un système de rentes viagères, calculées sur les chances de survie et à un taux d'intérêt élevé.

Malgré la garantie de l'État et le taux de capitalisation élevé des pensions, ce système n'a pas obtenu en Angleterre le succès qu'il méritait : « On ne doit pas « s'en étonner » si l'on songe que les 6 millions de

« membres qui composent les sociétés d'amis, trouvent « dans le règlement de ces sociétés les promesses d'une « pension, et que le mécanisme des sociétés privées « d'assurances est si bien connu des Anglais, qu'elles « font une concurrence décisive aux pensions servies « par l'État... » (1).

En France, ce n'est qu'en 1841 qu'on s'est occupé de créer sous la garantie de l'Etat une caisse de retraites. Des scandales retentissants avaient montré tous les dangers qu'il y a à laisser l'épargne populaire s'égarer entre les mains de spéculateurs sans scrupules; ils amenèrent des économistes et des hommes d'Etat à s'occuper de cette question.

Une commission libre instituée en 1844 sous la présidence de M. Molé et qui se composait de MM. Gasparin, Passy, Vivien, Wolowski, etc., consigna les résultats de ses études sur cette question dans un rapport (2) qui a servi de point de départ à tous les travaux ultérieurs... On lit dans ce rapport. « A « l'inverse de ce qui a eu lieu dans les familles aisées « où des rentes viagères ne semblent pouvoir être « constituées au profit des ascendants qu'au détri- « ment des héritiers, la constitution d'une pension de « retraite sur la tête des chefs de famille qui vivent de « salaire dans des classes où l'héritage est presque « toujours inconnu, empêche les vieillards d'être tou-

(1) LAURENT, *op cit.*

(2) Rapport de M. OLINDE RODRIGUES (*Moniteur*, 2 juin 1849).

« jours à la charge de leurs enfants, leur permet « d'achever leurs jours au milieu d'eux, entourés de « soins que la pension qu'ils apportent rend plus « faciles et plus affectueux ».

Les conclusions de la Commission de 1844 allaient être formulées en loi lorsque éclata la Révolution de février.

MM. Ferrouillat et Benoist d'Azy, l'un dans un rapport présenté le 19 février 1849 à l'Assemblée constituante, l'autre dans un rapport présenté le 6 novembre de la même année, reprirent bientôt la question.

Imparfaitement élaborée par l'Assemblée constituante, étudiée à fond par l'Assemblée législative, la loi constitutive de la Caisse nationale des Retraites pour la vieillesse fût votée le 18 juin 1850.

§ II. — **La loi du 18 juin 1850. — Principales dispositions.**

La Caisse des Dépôts et Consignations ou ses préposés dans les départements, les receveurs généraux et particuliers reçoivent les dépôts qui doivent être de 5 francs au moins.

Ils peuvent être faits au profit de toute personne âgée de plus de 3 ans et jouissant de la qualité de Français. Toutefois, les étrangers admis en France à jouir des droits civils, les mineurs nés en France de parents étrangers peuvent, à la charge de remplir les conditions prescrites par les art. 9 et 10 du Code civil et par la loi du 22 mars 1849, être admis à faire des versements.

Au premier versement on doit déclarer si le capital est ou n'est pas réservé. Les tarifs servant au calcul des rentes viagères sont établis en tenant compte des intérêts composés et des chances de mortalité d'après les tables de Deparcieux (1).

Les versements se font à des époques quelconques et il n'y a pas obligation de les effectuer entre les mains du même préposé. Chaque versement constitue un contrat distinct et donne lieu à la liquidation de la rente viagère qui lui est afférente. Cette rente s'inscrit sur le livret en regard du versement. A l'époque fixée pour l'entrée en jouissance, la Caisse des Dépôts et Consignations fait inscrire au Grand Livre la rente viagère résultant de tous les versements effectués (2) et en remet le titre à l'ayant-droit qui peut, dès lors, toucher ses arrérages dans les Caisses du Trésor.

Le maximum de la pension est fixé à 600 fr. ; elle est incessible et insaisissable jusqu'à concurrence de 360 fr.

L'époque d'entrée en jouissance peut être fixée entre 50 à 60 ans au choix du déposant.

(1) Le mathématicien Deparcieux, en 1748, se fondant sur l'observation de la mortalité dans les tontines françaises créées en 1869 dressa d'après les meilleures méthodes, une table de mortalité qui, malgré son ancienneté, a servi de base aux calculs des tarifs de la Caisse des Retraites pour la vieillesse.

(2) En cas de séparation judiciaire ou réelle, le juge de paix peut ordonner la non-communauté des versements.

En cas de mariage, il est constitué à chaque époux un compte distinct et séparé et tout versement opéré par l'un des deux conjoints profite par moitié aux deux. Une commission spéciale instituée pour toutes les questions relatives à la Caisse est chargée de formuler ses observations dans un rapport annuel sur la situation morale et matérielle.

Les débuts de l'institution ne faisaient pas promettre le merveilleux développement qu'elle a pris aujourd'hui. Soit paresse, soit qu'on ne les eut pas mis à même de prendre le chemin de la Caisse des Retraites, les ouvriers ne vinrent pas en grand nombre à ses guichets et au 31 décembre 1851 elle n'avait reçu qu'une somme de 1,212,459 francs, répartis sur 5,383 comptes (1). La moyenne des sommes versées par compte était de 225 francs.

Mais, par suite de l'élévation du cours des fonds publics et du décret du 14 mars 1852 pour la conversion des rentes 5 % qui permettait aux rentiers frappés par cette concession de transférer au pair leurs inscriptions à la Caisse des Retraites jusqu'au maximum légal de 600 fr. de rente, la fortune de la Caisse prit une face toute nouvelle, et ces deux faits imprévus exercèrent sur ses débuts une influence hors de toute prévision.

(1) Rapport de la Commission de la Caisse des Retraites pour la vieillesse, sur les opérations de cet établissement depuis son origine et sur sa situation au 31 décembre 1853, p. 5.

Si la Caisse ne possédait au 31 décembre 1851 qu'une somme de 1,200,000 fr., au 31 décembre 1852 elle avait reçu 31,057,892 fr. versés sur 14,716 comptes et la moyenne des sommes versées par compte s'élevait à 1,405 fr. (1).

Mais cette recrudescense provenait de la spéculation et non de l'épargne (2). Il y avait d'ailleurs nécessité de modifier les tarifs pour faire cesser ou réduire la perte imposée au trésor par le service des rentes viagères calculées à 5 °/₀ quand les fonds placés en rente ne pouvaient plus donner qu'un revenu très inférieur.

Ce fut là l'objet principal de la loi du 28 mai 1853, qui réduisit l'intérêt, d'après lequel les nouveaux tarifs seraient calculés à 4 1/2 °/₀, exigea un intervalle de deux ans au moins entre le versement et l'entrée en jouissance de la rente, et réduisit à 2,000 fr. le capital qui pourrait être versé dans une même année au compte du même déposant (3).

Ces nouvelles mesures destinées dans l'esprit du législateur de 1853 à faire rentrer la caisse dans la voie marquée par sa création, eurent pour effet de diminuer les versements dans des proportions consi-

(1) Même rapport.

(2) Ainsi... tandis que dans le 1er semestre 1853, le montant des versements s'était élevé à 6,014,560 fr. pour 16,014 versements, dans le 2e semestre, après le vote de la loi, il ne s'éleva plus qu'à 907,201 fr. pour un nombre de versements supérieur, 16.345 fr. : soit comme moyenne des versements effectués dans le premier cas, 377 fr. et dans le second, 55 fr. seulement.

(3) Avec la loi de 1850, pas de maximum.

dérables. Il est vrai que la guerre venait d'éclater, que la cherté des subsistances allait croissant ; le crédit public fléchissait, les emprunts faits par souscription attiraient les petits capitaux ; mais pendant ce même temps, les Caisses d'épargne, loin d'être arrêtées dans leur action, avaient fait des progrès sensibles. La diminution des versements à la Caisse des Retraites ne tenait donc pas à ces causes accidentelles, mais bien aux restrictions apportées aux versements par la nouvelle législation (1).

Sous l'influence de cette idée, la Commission supérieure de la Caisse des Retraites proposa au Gouvernement de porter le maximum de la rente de 600 fr. qu'il était sous l'empire de la législation actuelle, à 750 fr., à ne plus exiger deux années d'intervalle entre le versement destiné à procurer la rente et l'entrée en jouissance de ladite rente, enfin, de mettre les Sociétés anonymes sur le même pied que les Sociétés de Secours mutuels, dans les facilités qu'avaient ces dernières de constituer des rentes immédiates et de n'être pas soumises à la limitation des dépôts annuels.

Il était en effet naturel que l'administration de la Caisse des Retraites se préoccupât d'une façon particulière de la clientèle des Compagnies de chemins de

(1) Est-ce trop de 2 fr. par jour, se demanda la Commission, pour répondre aux nécessités d'une existence individuelle. Le maximum de 600 fr. ne permettait pas d'ailleurs aux Compagnies de chemins de fer et autres, de constituer des retraites suffisantes en faveur de leurs agents dont le traitement dépassait un certain chiffre.

fer. Dès 1851, la Compagnie d'Orléans avait fait des versements au profit de ses agents. En 1852, la Compagnie des chemins de fer de Rouen était entrée dans la même voie. En 1854, plus du quart en nombre et plus du tiers en somme des versements proviennent de ces deux Compagnies. Les Compagnies du Nord et de Lyon paraissent adopter le même système (1).

La Commission ne se bornait pas d'ailleurs à demander des réformes législatives. « Elle voulait, dans le but de rendre à la Caisse son activité première, que le Gouvernement permît aux instituteurs primaires de convertir leurs comptes aux Caisses d'épargne départementales en livrets de la Caisse des Retraites. « Ce « serait un avantage incontestable pour les instituteurs « et la Caisse des Retraites verrait doubler instan- « tanément le nombre de ses comptes individuels (2) ».

La Commission demandait la même faveur pour les cantonniers et, en général, pour les agents des administrations publiques. On peut ainsi lire (dans le rapport de 1858) : « Sans faire appel à de nouvelles améliorations législatives, la Caisse des Retraites pourrait voir doubler sa clientèle de 80,000 déposants si de nombreuses catégories d'agents relevant à divers titres de l'Administration publique, étaient appelés par elle à participer aux avantages de l'institution pour leur tenir lieu de pensions de retraites dont le bienfait leur est refusé ».

(1) *Rapport sur les opérations de la Caisse des Retraites en* 1854 (p. 1).

(2) Même rapport, p. 12.

Les désirs de la commission furent réalisés par la loi du 7 juillet 1856. Le maximum de la rente est porté à 750 trancs. Les déposants auront désormais le bénéfice des tarifs jusqu'à 65 ans. L'entrée en jouissance de la rente viagère pourra être immédiate ; enfin le privilège réservé aux Sociétés de Secours mutuels est étendu aux sociétés anonymes.

Dès avant la promulgation de cette loi, le décret du 8 août 1857 avait donné aux instituteurs l'option entre le maintien de leurs fonds à la Caisse des Dépôts et leur conversion en livrets à la Caisse des Retraites.

En 1859, l'administration forestière organisait définitivement le système des versements au nom des gardes forestiers communaux.

En 1861 (30 avril), un nouveau règlement rendait obligatoire dans tout l'empire, à partir du 1er juillet 1861, pour les cantonniers des Ponts et Chaussées n'ayant pas dépassé 65 ans, le versement à la Caisse des Retraites, du vingtième de leur salaire. La même année, l'administration des finances édictait un règlement analogue pour les employés et ouvriers de l'administration des tabacs.

En 1862, ce sont les agents des poursuites des contributions dont on relève pour la première fois la mention sur les statistiques de la Caisse.

Grâce à toutes ces mesures, l'activité de la Caisse ne tarde pas à se réveiller. La loi du 7 juillet 1856 marque le point de départ des progrès décisifs de la

Caisse. En cette année, le nombre des versements s'élevait à 43,122, leur montant à 2,734,341 fr., en accroissement de près de 40 % sur le nombre et de 90 % sur la somme des versements faits l'année précédente. Le nombre des nouveaux comptes individuels ouverts en 1856 était de 13,962. Parmi les nouveaux déposants, les ouvriers étaient au nombre de 6,640.

En 1857, la progression continue. Le nombre des versements s'élève à 55,331. Leur montant à 2,925,058. Le nombre des déposants nouveaux est de 14,283, parmi lesquels 8,237 ouvriers.

En 1858, il y a un arrêt momentané dans la progression du nombre des nouveaux déposants. Ils ne sont que 10,331. Mais cette progression reprend dès l'année suivante pour se continuer sans interruption jusqu'en 1862.

En 1859,	13,901	comptes nouveaux sont ouverts,	comprenant	7,359	ouvriers.
En 1860,	16,676	—	—	8,892	—
En 1861,	35,812 (1)	—	—	31,884	—

En 1862, il y eut 48,187 comptes nouveaux ouverts. C'est le chiffre le plus élevé que nous ayons encore rencontré. Il marque l'apogée du développement de la Caisse.

En effet, en 1863, il y eut une légère diminution. Mais à partir de cette époque le montant des versements continue à augmenter jusqu'à la fin de l'Empire.

Il ne faut pas s'en étonner, les lois des 12 juin 1861

(1) Ces chiffres sont empruntés à l'article de M. Jay sur la Caisse des Retraites (*Revue Politique et Parlementaire*, année 1895, p. 95).

et du 4 mai 1864 avaient, en augmentant successivement le maximum des rentes viagères et des versements annuels, rouvert aux capitalistes une Caisse qu'on avait paru vouloir leur fermer en 1853.

La loi du 12 juin 1861 élevait le maximum de la rente viagère à 1,000 fr. ; le maximum des versements annuels à 3,000 fr. Une conception nouvelle s'est fait jour. On ne tient plus à réserver le bénéfice de la Caisse aux seuls ouvriers, on veut en faire un établissement largement ouvert. On lit dans l'exposé des motifs du projet présenté au Corps législatif en 1861 : « Veuillez ne pas oublier, Messieurs, que les ouvriers seuls n'ont pas le bénéfice de cette Caisse, qu'elle a été aussi ouverte aux employés des administrations de l'Etat, des Compagnies de chemins de fer, des grandes industries, au profit de tous ceux en un mot dont le traitement correspond à l'activité des forces physiques ou intellectuelles et qui se trouvent sans moyen d'existence à l'âge où les forces viendraient à leur manquer ; ils ne capitalisent leurs modestes épargnes que pour mettre leurs dernières années à l'abri de la misère ».

A la conception de la Caisse des Retraites, institution uniquement consacrée à organiser l'assurance ouvrière à la conception de 1850 et 1853, s'est substituée une notion bien différente.

Et cependant les mêmes principes inspirent la loi de 1864.

La loi du 12 juin 1861 n'était sans doute pas encore

parfaite, car dès 1864 on était d'accord sur la nécessité de la modifier.

Mais les hommes qui étaient d'accord sur la nécessité des modifications à y apporter ne s'entendaient pas du tout sur les changements qu'il y avait à y faire et c'est dans un esprit tout opposé qu'ils discutaient.... « L'exposé des motifs, dit M. Lanjuinais, se plaint que « la moyenne des versements est de 28 fr. : pour « moi je trouve que le but de la Caisse, qui ne devait « être dans l'origine qu'un établissement de bienfai- « sance destiné à la classe pauvre, est atteint.

« Dès le moment qu'on y appelle les capitaux de la « classe aisée au lieu de les laisser se diriger vers les « établissements privés, dès le moment qu'on favorise « par les immunités particulières de la Caisse les em- « ployés, quelquefois assez fortement payés, des admi- « nistrations publiques ou privées, il y aurait dévia- « tion du but primitif, il faudrait s'arrêter dans cette « voie. — Il y a du reste d'autant moins d'urgence à « la mesure que le maximum actuel n'est jamais atteint « puisque pour 1863 par exemple, sur 2,000 rentes « liquidées, il s'en trouve 8 seulement entre 900 et « 1,000 fr. et pas une peut-être n'atteint le chiffre de « 1,000 fr. — La moyenne de rentes liquidées est de « 165 fr.

« La caisse n'est faite que pour ceux qui ne peuvent « aller aux Compagnies d'assurances ; pour les autres « l'État doit s'abstenir... Au surplus, pourquoi ce nou-

« veau chiffre de 1500 fr. qu'on demande? Consultés en « 1847 sur le chiffre qu'il fallait adopter, les membres « des Sociétés de Secours mutuels, c'est-à-dire l'élite « des classes laborieuses, de ceux qui vivent de leur « travail quotidien, de ceux pour qui est réellement « faite la Caisse, se contentaient de 300 fr. ».

A ces observations appuyées par le marquis d'Andelarre, le Rapporteur et les membres du Gouvernement, de Forcade la Roquette, Heurtier, de Boureuille répondirent qu'il y avait d'autres situations intéressantes que celles des ouvriers. Des besoins successifs nouveaux ont motivé des augmentations successives, ce sont au surplus les capitaux de l'épargne et non ceux de la spéculation qui sont à la caisse. Le bilan de l'année 1862 le prouve.

Ouvriers de professions diverses	17,946
Employés	2,830
Marchands	93
Domestiques	114
Militaires et marins	15
Clergé et professions libérales	145
Agriculteurs	45
Rentiers sans profession	714
Cantonniers	25,355
Gardes forestiers	794
Gardes champêtres	137

La moitié des déposants sont des femmes.

Malgré ces répliques, et après quelques observations en sens contraire, de MM. Gouin, Emile Pereire et Guillemot, le projet de loi fut adopté le 8 avril et dans son rapport pour 1863, la Commission supérieure pouvait se féliciter de « l'extension plus grande que la loi donnerait aux opérations de la Caisse » (1), de l'augmentation de sa popularité et de l'équilibre stable qu'elle recevrait, de l'élévation du maximum des rentes viagères et des versements annuels.

La loi du 4 mars 1864 a régi pendant plus de vingt années la Caisse des Retraites, et c'est à elle qu'on peut attribuer le déficit qui faillit compromettre le succès de l'institution. Vingt ans après Maze protestait encore énergiquement contre la loi de 1864 et essayait de réagir contre le courant dangereux et détestable créé par cette loi. « S'il y avait en France un ouvrier « qui pût verser en un an, je ne dis pas 4,000 mais « 2,000 ou même 1,000 fr. à la Caisse des Retraites, « s'écriait-il, il y aurait un grand intérêt public à « ce qu'il se fît connaître : malheureusement, cet « ouvrier là ne se rencontre pas » (2).

Avant d'arriver à la législation récente, nous rappellerons simplement le décret du 20 décembre 1872 fixant à 5 °/₀ l'intérêt de la Caisse des Retraites : la loi du 12 août 1876 modifiant les époques pour le paiement des arrérages des pensions viagères. Les cir-

(1) Rapport de la Commission supérieure (*Moniteur* du 6 juin 1864).

(2) On avait demandé un maximum de 4,000 francs pour permettre aux petites gens venant de faire un héritage de le verser d'un seul coup à la Caisse des Retraites. Ce fait se produira rarement et il n'est pas du tout nécessaire, dans le cas où cela se produirait de verser la somme entière sans rien réserver pour la maladie ou même le bien-être.

culaires des 19 novembre 1874 et du 2 mars 1878 relatives au paiement faits aux héritiers des arrérages échus avant le décès du titulaire d'une pension de retraite.

Depuis 1880, le Gouvernement, préoccupé du déficit grandissant (1) qui se manifestait à la Caisse des Retraites, s'efforçait de chercher un remède à une situation qui ne pouvait se prolonger sans danger. Il fut en effet déposé dans les années 1875, 1876, 1877 14, 16, 17 millions et 24,000,000 en 1878, en 1881, 68 millions. Il était urgent d'intervenir. De nombreux projets furent présentés et discutés à la Chambre des Députés : parmi les plus remarquables, nous citerons ceux de MM. Maze et Waldeck-Rousseau.

Nous ne pouvons, dans notre court historique de la Caisse des Retraites, songer à examiner en détail tous les projets de loi émanés soit de l'initiative parlementaire, soit du Gouvernement et relatifs à cette question. Nous arrivons de suite aux faits.

§ III. — La loi du 30 juillet 1884.

La loi du 30 juillet 1884 donna satisfaction aux

(1) D'après l'art. 17 de la loi budgétaire du 20 décembre 1872, la Caisse des Retraites servait un intérêt de 5 °/₀. Jusqu'en 1873 la moyenne des placements de la Caisse a encore lieu à un taux supérieur à celui de 5 °/°. Mais dès 1875, la situation change. L'intérêt des fonds placés en rente tombe au-dessous de 5 °/₀ pour ne plus remonter.

critiques que la législation de 1864 avait soulevées : « Cette loi a révisé de la façon la plus heureuse le « système ancien de liquidation de pensions, en cons- « tituant l'unité de services de la Caisse des Retraites. « En comblant les pertes dues à un mécanisme « vicieux, elle a sauvé l'institution même, qui au « milieu des investigations de nos Commissions parle- « mentaires et du Gouvernement, n'aurait peut-être pas « résisté à un exposé plus tardif d'une situation « dangereuse pour nos finances (1).

Voici comme on procédait d'après l'art. 12 de la loi du 18 juin 1850. Les sommes versées par les déposants pour la constitution d'une rente viagère, ainsi que les intérêts, étaient employés en achats de rentes sur l'Etat. Tous les 3 mois, la Caisse des Dépôts et Consignations agissant pour le compte de la Caisse des Retraites, faisait inscrire sur le Grand-Livre de la Dette publique, au nom des déposants, les rentes viagères liquidées pendant cet intervalle. En même temps, à l'aide d'un prélèvement sur le compte de la Caisse des Retraites, elle faisait transférer, au nom de la Caisse d'amortissement, la quotité de rentes sur l'État nécessaire pour constituer un capital équivalent à la valeur des pensions viagères à inscrire.

L'article 9 de la loi de 1884 charge la Caisse de pourvoir au moyen de ses propres ressources au

(1) MAZE, *La Réforme de la Caisse nationale des Retraites* (*Revue des Institutions de Prévoyance*, janvier 1887).

payement des rentes viagères. L'importante opération du transfert du payement des arrérages de ces rentes à la Caisse des Dépôts et Consignations, a été accomplie de concert avec le Ministre des Finances dans les conditions les plus satisfaisantes et sans que les intéressés aient eu à subir aucun retard.

Pour couvrir le déficit antérieur, la loi du 30 juillet a attribué à la Caisse des Retraites une somme de rentes correspondant au cours moyen de 1883, au capital des rentes perpétuelles dont l'annulation avait été opérée en échange des rentes viagères inscrites.

Conformément à cette promesse, il a été remis à la Caisse une inscription de rente 3 °/₀ amortissable de 11,032,125 fr. représentant un capital de 294,769,204 fr. 95...

La loi du 30 juillet 1884 inaugure une ère nouvelle dans l'existence de la Caisse des Retraites. Désormais, la Caisse est responsable de ses opérations ; elle a donc le devoir impérieux d'assurer un équilibre parfait entre ses ressources et ses charges ; de plus, les bases sur lesquelles sa situation financière a été établie jusqu'à ce moment, vont se trouver complètement modifiées.

§ IV. — **La loi du 20 juillet 1886. — Étude de quelques projets.**

M. Maze proposait les réformes suivantes :

1° Modification du taux de capitalisation. — Le taux était fixé à 4 °/₀ pour toutes les pensions supérieures à 600 fr.; à 4 1/2 pour toutes pensions inférieures à 600 fr.

Les versements effectués par les associations de prévoyance mutuelle continuaient à bénéficier du taux exceptionnel de 5 % ;

2° Abaissement du maximum des versements. Ce maximum était de 300 fr. ; d'ailleurs, les associations de prévoyance mutuelle gardaient la faculté de faire des versements annuels égaux à la totalité de ceux qui seraient permis au profit de chaque sociétaire individuellement ;

3° Révision du système de liquidation des pensions ;

4° Emploi de nouvelles tables de mortalité ;

5° Bonification des pensions liquidées prématurément en vertu de l'article 6 de la loi du 18 juin 1850;

6° Nouvelle dotation de 20 millions;

7° Création de Timbres de Retraite. — Versements reçus à partir de un franc.

M. Nadaud estimant (*Projet Nadaud*) que l'expérience de l'assurance ouvrière libre était suffisamment faite se déclare partisan de l'assurance obligatoire (1).

D'après lui, l'Etat doit intervenir pour donner à l'ouvrier les retraites qui lui *sont dues*. Toutefois, M. Nadaud pense, non sans quelque apparence de raison, que l'Etat ne peut pas tout faire, et que l'ouvrier doit contribuer dans une certaine mesure à l'œuvre de prévoyance. Nous arrivons ainsi au principe

(1) J'ai la certitude, dit M. Nadaud, que si nous n'adoptons pas le principe de la retenue obligatoire, nous ne serons guère plus avancés avec la loi que vous êtes appelés à voter, que nous ne l'avons été avec la loi de 1856 (Séance du 25 octobre 1884).

des versements obligatoires. « Tout ouvrier travaillant « pour gagner sa vie comme salarié, devra faire partie « de l'institution et en subir toutes les obligations. « Tout salarié sera frappé d'une retenue que l'Etat et « le patron doubleront chacun ».

Le projet Nadaud équivalait à la suppression pure et simple de la Caisse des Retraites telle qu'elle avait fonctionné jusqu'à ce jour ; de plus il était tellement impraticable, que son auteur eut le bon sens de ne pas trop insister. Le Congrès mutualiste de Rouen refusa de se rallier aux théories de M. Nadaud.

D'après M. Waldeck-Rousseau, les Caisses de Retraites pour la vieillesse comme les Caisses d'assurance en cas de décès ou d'accidents, doivent être exclusivement affectées au service des associations de secours mutuels. Les versements auront lieu à capital aliéné et au compte individuel de chacun.

Ce projet faisait finalement de la Caisse de Retraites une institution bâtarde gérant les économies d'une classe déterminée de citoyens et repoussant celle de toutes les autres.

Nous passons sous silence les projets émanés du Gouvernement pour arriver tout de suite à l'étude de la loi du 20 juillet 1886, qui régit encore aujourd'hui la Caisses des Retraites.

Loi du 20 juillet 1886. — La Caisse nationale des Retraites pour la vieillesse fonctionne sous la garantie de l'Etat : elle est gérée par l'administration de la Caisse des Dépôts et Consignations qui pourvoit aux frais de gestion. Les versements sont volontaires : ils peuvent être faits à capital aliéné ou à capital réservé et sont reçus et liquidés à partir de 1 fr.

Le maximum de la rente viagère est de 1,200 fr. Le maximum des versements annuels est de 1,000 fr. Les Sociétés de Secours mutuels qui effectuent des versements avec leur fonds inaliénable ne sont pas soumises à cette dernière restriction.

Les retraites constituées sont incessibles et insaisissables jusqu'à concurrence de 360 fr.

Le montant de la rente viagère à servir est calculée d'après des tarifs où il est tenu compte des trois éléments suivants :

1° L'intérêt composé fixé chaque année par décret du chef de l'Etat d'après avis de la Commission supérieure ;

2° Des chances de mort ;

3° Du remboursement au décès des capitaux versés si le déposant le demande.

L'entrée en jouissance de la pension est fixée au choix du déposant entre 50 et 65 ans.

La pension peut même être liquidée par anticipation en cas d'invalidité prématurée et bonifiée à l'aide d'un crédit ouvert chaque année au ministère de l'Intérieur.

Les versements peuvent être faits dès l'âge de 3 ans.

Le déposant qui a stipulé le remboursement du capital peut à toute époque revenir sur sa détermination ; il a pareillement la faculté de reculer d'année en année l'entrée en jouissance de la pension.

Il est délivré à chaque déposant un livret sur lequel sont inscrits les versements effectués et les rentes correspondantes.

Il est nommé une Commission supérieure composée de 16 membres.

La loi de 1884 avait fait de la Caisse des Retraites une véritable Caisse. La loi de 1886 a complété l'œuvre commencée et supprimé les causes de déficit en admettant le principe de la mobilité du taux de l'intérêt.

Mais ce principe de la mobilité de l'intérêt, destiné dans l'esprit des auteurs du projet de loi à sauver l'institution de la ruine, fut fort mal accueilli dans le monde mutualiste et a créé pendant quelque temps une situation fâcheuse pour les petits épargnants qui poursuivent la constitution d'une retraite, par leurs propres efforts ou par ceux des Sociétés de Secours mutuels.

C'est qu'en effet jusqu'en 1883, sauf une période intermédiaire de 1861 à 1873, période pendant laquelle la capitalisation de la Caisse des Retraites s'est faite à 4,50 °/₀, la Caisse des Retraites a capitalisé à 5 °/₀.

Avec la loi de 1886, la situation est bien changée. C'est un décret du Président de la République qui fixera chaque année, au mois de décembre, le taux de l'intérêt à servir l'année suivante, en tenant compte du taux moyen des placements effectués par la Caisse pendant l'année écoulée.

C'est ainsi que depuis 1886 le taux de l'intérêt a été réduit de 5 à 4 °/₀. Le décret du 27 décembre 1891 le réduit à 3 °/₀ pour 1892 et c'est le taux actuel.

Sous l'empire de la loi du 18 juin 1850, l'ouvrier qui voulait obtenir une pension de 1 franc par jour (360 fr.), c'est-à-dire la pension alimentaire, avec le taux de 5 °/₀, avait à s'imposer pendant 30 ans une retenue annuelle de 41 fr. Cette retenue sera de 66 fr. avec le taux de 3 1/2 °/₀ (1).

Tout cela, évidemment, a été fait non dans le but de donner des déceptions aux mutualistes, mais bien dans celui de sauver la Caisse des Retraites du déficit qui allait grandissant. Plaçant les fonds qui lui sont confiés à un taux de 4 °/₀ par exemple, il est clair que si elle désire ne pas sombrer, elle ne peut servir aux déposants un taux supérieur à celui qu'elle retire elle-même de ses placements ; c'est ce qu'exprimait M. Audiffred dans son rapport : « La Caisse des Retraites « n'a pas le moyen de créer des rentes avec rien. Sa « mission est de gérer des capitaux, de capitaliser « leurs intérêts ; il n'est pas en son pouvoir de les « faire naître ou de les accroître spontanément. Si « donc, lorsqu'elle retire 4 °/₀ des valeurs qu'elle « achète au cours de la Bourse, on l'oblige à payer

(1) LOURTIES, *Rapport sur les Sociétés de Secours mutuels*, p. 56.

« 5 °/₀, elle fera nécessairement une perte : un déficit « se produira dans la caisse (1) ».

Mais il y avait néanmoins là une situation fâcheuse et de nature à arrêter tous les progrès déjà faits en matière de pensions de retraite.

Aussi les pouvoirs publics ont-ils immédiatement cherché divers moyens destinés à compenser autant que possible la baisse du taux de l'intérêt des fonds constitutifs des pensions à la Caisse nationale des Retraites pour la vieillesse.

Dans ce but, des majorations ont été accordées sur des crédits spéciaux; des subventions ont été allouées lors de chaque versement au fonds de retraites; le tout en vue de majorer dans une certaine proportion les rentes viagères payées par les Sociétés de Secours mutuels au profit de leurs pensionnaires.

C'est ainsi qu'un premier crédit de 400,000 fr. a été voté dans ce but par le Parlement en 1894. Il a été porté à 1,200,000 fr. en 1895, sous la rubrique suivante : « Subvention aux sociétaires pensionnés par les Sociétés de Secours mutuels au cours de l'année 1894 ».

Avant cette époque, les subventions accordées par l'Etat aux Sociétés de Secours mutuels avaient été simplement ajoutées au fonds commun de retraites de chacune des Sociétés entre lesquelles elles avaient été réparties. Ces allocations venaient accroître la

(1) AUDIFFRED, *Rapport sur les Sociétés de Secours mutuels*, n° 3199.

fortune de chacune d'elles. Les mutualistes jouissaient seulement de l'intérêt de ces subventions.

Le nouveau système consiste au contraire à *bonifier* les pensions alimentaires, c'est-à-dire les pensions de 360 fr. et au-dessous, dans la mesure du crédit annuel inscrit chaque année au Ministère de l'Intérieur.

Quel a été le résultat de ces modifications dans la législation relative à la Caisse des Retraites. Le rapport sur les opérations de la Caisse en 1893 nous apprend qu'en cette année les versements individuels avaient porté sur 20,192 comptes, et la moyenne des versements par compte a été de 596 fr. 84 (1).

Les versements faits par les Sociétés de Secours mutuels approuvées en vertu du décret du 26 avril 1856, s'élèvent en 1893 à 7,960,121 fr., répartis sur 4,201 comptes. Ils avaient été en 1892 de 8,105,222 fr. répartis sur 4,228 comptes.

Les versements collectifs ont en 1893 porté sur 319,707 comptes, ces 319,707 comptes se répartissent ainsi :

Chemins de fer	143,388
Cantonniers	84,346
Agents des manufactures de l'État	19,061
Employés des administrations publiques	9,132
Employés des départements et des communes.	1,292
Caisses scolaires	1,351
Sociétés de secours mutuels (versements individuels)	4,648
Ouvriers des professions diverses	53,849

(1) La loi de finances du 26 juillet 1893 a limité à 500 fr. à dater du 1er janvier 1894 les sommes qui pourront être versées en une année au compte de la même personne...

En 1894 les versements individuels ont porté sur 20,775 comptes.

Les versements faits par les Sociétés approuvés en vertu du décret du 26 avril 1856, s'élèvent à 10,058,015 fr. répartis sur 5,826 comptes. Les versements collectifs ont en 1894 porté sur 355,037 comptes, formant une somme de 14,337,921 fr.

En 1898 les versements individuels ont porté sur 29,207 comptes. Les versements des Sociétés approuvées s'élèvent à 9,399.411 fr. répartis sur 10,856 comptes. Les versements collectifs ont en 1898 porté sur 632,901 comptes formant une somme de 26,946,617 fr.

En résumé et malgré ses imperfections, la loi du 20 juillet 1886 constitue une notable amélioration sur la législation antérieure. Elle complète, au point de vue financier, l'œuvre commencée par la loi du 30 juillet 1884 et sauvegarde les intérêts des contribuables, en écartant le plus possible, pour l'Etat, les chances de perte. Elle consacre une disposition vraiment démocratique, en facilitant le versement des sommes les plus minimes et ouvre de la sorte la plus vaste carrière à l'esprit de prévoyance. Elle donne plus d'élasticité aux opérations de la Caisse, dont les fonds pourront être désormais employés, non seulement en rentes sur l'État, mais en valeurs du Trésor ou même en obligations départementales et communales.

Telle qu'elle est et bien qu'il n'y ait pas eu vers elle l'entraînement populaire qu'elle méritait, bien que tous les efforts doivent porter dorénavant vers ce but, qu'on doive faciliter encore son accès et sa connaissance aux ouvriers, elle est suffisamment bien organisée pour leur rendre les plus grands services dans la lutte contre la misère.

CHAPITRE II

PENSIONS DE RETRAITES SERVIES PAR LES SOCIÉTÉS DE SECOURS MUTUELS

L'objet principal des Sociétés de Secours mutuels a été de tout temps de garantir à leurs membres, en cas de maladie, une allocation quotidienne destinée à remplacer le salaire que temporairement ils ne peuvent gagner (1). En plus de ce secours qui permet à l'ouvrier et à sa famille de vivre pendant la maladie de son chef, les Sociétés de Secours mutuels ont toujours un médecin chargé de visiter les sociétaires et de leur donner gratuitement les secours de son art. Les sociétaires trouvent également aux mêmes conditions, chez le pharmacien, les médicaments dont ils ont besoin. De sorte que, tandis que le médecin et les médicaments rendent à l'ouvrier la santé, l'indemnité quotidienne que lui alloue la Société le préserve de la misère.

L'ouvrier qui appartient à une Société de Secours mutuels est dorénavant libre du souci de la maladie et de la misère qu'elle entraîne avec elle.

(1) L'assurance contre la maladie a été en quelque sorte la cellule originaire de la mutualité (Léon SAY, Rapport au Sénat).

Puis il est un autre souci, dont les Sociétés de Secours mutuels débarrassent l'ouvrier et qui ne constitue pas à ses yeux, le moindre de leurs mérites. — Nous voulons parler du service des funérailles. — Depuis qu'il y a des Sociétés mutuelles d'assistance, — et nous verrons tout à l'heure qu'elles ne datent pas d'hier, — leurs statuts ont toujours prévu à côté des secours de maladie, les frais de funérailles du sociétaire à la charge de la Société. Le convoi du défunt est religieusement suivi par un certain nombre de sociétaires ; et ceux qui sont appelés, mettent de l'empressement à suivre la dépouille de celui qui a été leur confrère, assurés qu'ils sont, de recevoir les mêmes honneurs le jour de leur enterrement.

Sans parler des secours aux veuves et aux orphelins, que depuis longtemps déjà les Sociétés de Secours mutuels ont inscrit dans leurs statuts, il est un autre service que, cédant à l'entraînement naturel du bien, les Sociétés ont voulu entreprendre et ce nouvel aspect de la question va faire l'objet principal de notre étude.

Nous voulons parler des pensions viagères de retraites.

Les pensions de retraites ont toujours été, en effet, aux yeux de l'ouvrier, le principal attrait des Sociétés de Secours mutuels. L'idée de maladie se présente bien souvent à l'esprit de l'ouvrier mais d'une manière moins saisissante que l'idée de la vieillesse. Sans doute la maladie est une terrible chose, et en privant l'ouvrier de salaire, elle peut occasionner des troubles profonds dans la vie de ce dernier. Mais, c'est une chance à courir. Tout le monde n'est pas atteint par le terrible fléau, et jeune et bien portant, comme il est dans le moment présent, l'ouvrier est porté à se moquer de ceux qui lui prêchent l'économie pour parer à ces cas imprévus.

Mais la vieillesse « cette maladie sans remède », il n'y a pas à jouer contre elle de bonheur. Elle arrivera infailliblement au jour marqué et alors, l'ouvrier chassé de l'usine ou ne trouvant plus à gagner qu'un salaire de misère, sera réduit à tendre la main. Mais, s'il existe à côté de lui une institution qui le garantisse pour l'avenir de cette lamentable extrémité en lui promettant une pension viagère, une institution qu'il connaisse bien, parce que déjà il y est entré pour se garantir contre la maladie, alors il sera sauvé et libre désormais de ces deux soucis douloureux, il pourra travailler avec joie et sécurité.

Aussi, en vue de répondre à ce désir bien légitime de l'ouvrier, nombre de Sociétés ont-elles, sans plus réfléchir, adjoint à leur service de secours en cas de maladie, le service des pensions viagères de la vieillesse.

Peut-être, quand elles ont abordé de front ce problème si difficile des pensions de retraite, la question était-elle prématurée ? Toujours est-il que les Sociétés de Secours mutuels cotisant à la fois pour la maladie et la vieillesse allaient se trouver en proie aux plus inextricables difficultés.

Quoi qu'il en soit — et nous verrons dans un prochain chapitre les débuts pénibles, voire même désastreux de notre institution — les Sociétés de Secours mutuels ne pouvaient pas, sans faillir à leur tâche, rester indifférentes devant les revendications les plus légitimes de la masse ouvrière.

Elles ont vécu trop longtemps d'une manière empirique, et si, aujourd'hui, nous pouvons raisonnablement songer à résoudre ce problème, n'est-ce pas leur expérience qui nous a profités ! Aujourd'hui que se produit la magnifique expansion à laquelle nous assistons, l'horizon des Sociétés de Secours mutuels s'agrandit. Elles comprennent mieux l'utilité de garantir à leurs membres une assistance plus complète en cas de maladie, des soins plus vigilants, une indemnité de chômage mieux en rapport avec les besoins du malade et de sa famille. Elles abordent enfin résolument et cette fois avec leur « raison et leur cœur » (1) le problème si important de la constitution des pensions de retraites en cas de vieillesse qui devient le grand objet de leurs préoccupations.

Nous allons étudier la genèse et le développement de cette idée, le point où elle est arrivée aujourd'hui et les améliorations qu'il y aurait encore lieu d'y apporter.

(1) Léon Say (Les Sociétés de Secours Mutuels ne doivent pas seulement naître d'un entraînement du cœur, elles sont instituées et doivent l'être scientifiquement). Discours au lycée de Versailles (*Journal des Économistes*, août 1883, p. 285).

§ Ier. — Les Sociétés de Secours mutuels et la question des Retraites avant le décret du 26 avril 1856.

Nous ne chercherons pas à reconstituer la filiation des Sociétés de Secours mutuels à travers les âges, en donnant comme ancêtres à notre institution moderne, les collèges Greco-Romains, la Ghilde germanique, et plus près ne nous les corporations et les confréries, la franc-maçonnerie et le compagnonnage. Nous constaterons seulement en passant que dans ces formes anciennes, l'idée de secourir les membres de ces corporations dans leur vieillesse, apparaît chez elle comme un de leurs buts essentiels.

Ainsi nous lisons dans... de réglement de la confrérie de Saint-Jean de Cadillac (1) art. 9 :

Art. 9. — Et advenant qu'il eût quelqu'un de ladite confrérie malade et réduit à telle pauvreté par vieillesse qu'il n'eût moyen de vivre, serait tenus lesdits confrères, lui assister selon leurs moyens que s'il meurt, sera enseveli s'il est pauvre, aux dépens de ladite confrérie.

Mais quoi qu'il en soit, ces formes n'ont qu'une ressemblance lointaine avec celles pratiquées de nos jours.. La prévoyance est une vertu pour ainsi dire moderne. Les peuples anciens ne semblent pas, en effet, l'avoir

(1) Statuts et règles de la confrérie du glorieux saint Jean-Baptiste, instituée en l'église collégiale de la ville de Cadillac (LAURENT, part. II, ch. II, p. 215).

comprise, soit que la vie humaine fût jugée moins précieuse alors que de nos jours, ou que l'individu mal armé pour la lutte fût résigné à disparaître sans rien tenter qui pût arrêter sa chute.

A Rôme, grâce à la déplorable répartition des richesses, au mauvais système économique alors en vigueur, la plèbe considérait l'État personnifié par l'Empereur comme devant pourvoir à ses besoins et à ses plaisirs. Jamais, à aucun moment, l'idée du salut par soi-même ne vint à l'individu qui confiait aveuglément à l'Etat le soin de ses destinées...

Au XVIIIe siècle, l'idée de mutualité se trouvait confinée dans les confréries et les associations de compagnons. Mais ces dernières comprenaient mal leur rôle social et préféraient s'adresser à la charité individuelle plutôt qu'à la prévoyance collective. Dédaigneuses de la science, elles se laissaient régir par le hasard et bien souvent se voyaient dans la triste nécessité de faire faillite à leurs engagements.

Il n'en fut cependant pas de même pour toutes ces sociétés anciennes. Ainsi, la seconde des 13 anciennes Sociétés de Paris, la Société panotechnique de prévoyance qui remonte à 1720. Jusqu'à 1780, elle n'était qu'une association religieuse comme toutes les autres confréries. A cette époque, les membres qui la composaient, guidés « par des sentiments d'humanité et « de philanthrophie et dans la vue de soulager les « malades et les *vieillards*, créèrent une Caisse spéciale,

« laquelle était indépendante de la Caisse de la confrérie ». La cotisation ne fut d'abord que de 5 sous par mois, elle fut portée ensuite à 10 sous jusqu'en 1810... et avec ces ressources elle parvint à porter secours à ses malades et à ses vieillards (1).

Lyon, Marseille, les villes populeuses des Flandres et d'autres sans doute possédaient aussi avant 1789 des Associations mutuelles avec un type se rapprochant plus ou moins du type actuel. L'Association des pilotes lamaneurs du Havre, dont le fonds de retraite dépasse 100,000 fr., a été fondé sous Louis XIV.

Pendant toute la période révolutionnaire, c'est l'Etat seul qui cherche à lutter contre la misère (2). Les hommes de la Constituante et de la Convention ne comprenaient pas que la solution du problème de la misère était contenu en germe dans ces associations qu'ils venaient de détruire.

Cet arrêt dans la vie des associations mutuelles fut de courte durée, l'état de chose créé par la Révolution appelant un remède, c'est-à-dire des institutions nouvelles basées sur le principe ancien mais circonscrites dans leurs actions, aux besoins réellement utiles qu'elles devaient assurer.

Les ouvriers sentaient bien du reste que l'Etat était impuissant à leur assurer des secours et du travail et

(1) LAURENT, *op. cit.*, part. II, ch. III.

(2) C'est l'office de la nation et de ses préposés de fournir du travail aux valides, des secours aux infirmes. Les caisses de secours ne représentent que des intérêts intermédiaires séparés à tort de la chose publique (Discours du député Chapelier à l'Assemblée nationale).

qu'ils devaient eux-mêmes chercher un remède à leurs maux...

Sous la pression des circonstances et grâce à l'initiative de quelques citoyens intelligents, on vit les anciennes confréries réapparaître mais complètement transformées et en mesure cette fois de répondre aux vœux des ouvriers.

Le pouvoir continue cependant sa politique de défiance vis-à-vis de ces institutions, mais leur utilité est si grande, la noblesse de leur but apparaît si clairement à tous les yeux que leur développement se poursuivra sans relâche. Ainsi, de 1808 à 1821, les associations mutuelles sont au nombre de 124, et ce nombre est sans doute parfaitement exact, car le corps municipal de Paris ayant, à l'occasion du baptême du duc de Bordeaux, voté une somme de 50,000 fr. en faveur des Sociétés de Secours mutuels, ces dernières avaient toutes un intérêt évident à se faire connaître.

En 1822, le nombre total des Sociétés de Secours mutuels était de 132, possédant ensemble 10,350 membres participants. A Grenoble, à Bordeaux, à Lyon, on assistait à une magnifique expansion du mouvement mutualiste. Partout des hommes éminents offraient leur temps et leur savoir à ces Sociétés mutuelles et cherchaient à en trouver les vrais principes directeurs. En ce sens il convient de mentionner la célèbre Société philanthropique de Paris, composée de personnages aussi éclairés que charitables et qui s'occupa avec tant d'ardeur de ces associations d'ouvriers qui, « sur le produit du travail de leur jeunesse « et de leur santé, s'assurent et assurent à leurs asso- « ciés la subsistance pour le temps où le travail sera « interrompu par la douleur, pour celui où les glaces « de l'âge le feront cesser (1).

En 1846, Paris compte à lui seul 262 Sociétés de Secours mutuels possédant dans les seules Caisses d'épargne, un capital montant à 3,610,719 fr. (2).

La Révolution de 1848, proclamant la liberté d'association donna, dans le pays entier, une vive impulsion à l'extension des Sociétés mutuelles. Le premier rapport de la Commission supérieure des Sociétés de Secours mutuels constatait qu'il y avait au 31 décembre 1862, 2,438 sociétés, comprenant 249,442 membres participants, 26,181 femmes faisaient partie de ces sociétés qui comprenaient en outre, 21,635 membres honoraires. Leur capital de réserve s'élevait à 10,714,877 fr.

Toutes ces Sociétés mutuelles, éparpillées sur le territoire de la France, ont de prime abord, cédant à un entraînement généreux mais irréfléchi, promis à ceux qui entraient dans leur sein, en même temps que des

(1) Rapport de Dupont de Nemours du 30 frimaire an XIV (SERULLAZ, *op. cit.*, p. 100).

(2) SERULLAZ, *Les Sociétés de Secours mutuels et la question des Retraites*, *op. cit.* (Historique).

secours divers, l'assurance d'une pension viagère de vieillesse. Les statuts de presque toutes ces Sociétés mentionnent qu'à un certain âge et moyennant un temps de sociétariat déterminé, les membres participants seront mis en possession d'une rente viagère que la Société se charge de leur assurer. La durée du stage nécessaire pour avoir droit à une pension, l'âge d'entrée en jouissance de la pension, sa quotité, tout cela est scrupuleusement déterminé et varie seulement d'une société à l'autre. Quant aux ressources destinées à ce nouveau service, il n'en est pas question, et l'état florissant de ces sociétés ne fait pas pressentir ce qui va leur arriver.

Que se passe-t-il, en effet, quand une Société de Secours mutuels se fonde ? Les membres qui la composent à ce moment sont jeunes, vigoureux et ils sont loin de dépenser en journées de maladie la somme que chacun d'eux affecte à ce service. La réserve grossit donc rapidement de tous ces fonds non employés et les intérêts se capitalisant, les augmentent sans cesse.

Quant aux retraites, comme aucun des sociétaires n'est arrivé à l'âge d'entrée en jouissance de la pension prévu par les statuts, les fonds affectés à ce service augmentent sans cesse. Les Sociétés au début imprévoyantes au lieu de les conserver pour parer à des cas d'épidémie par exemple, les emploient à grossir inconsidérément le fonds de retraite. Mais les sociétaires avancent en âge. Les maladies deviennent plus fréquentes, plus longues, la cotisation est absorbée au-delà même par les frais de ce service. Il faut puiser au fonds de réserve. Il ne résiste pas longtemps à ces appels réitérés et bientôt il est usé ou presque vide. Il devient impossible de tenir les engagements relatifs aux retraites. Alors, quel concert de malédictions, quelle désolation chez ces pauvres vieux, qui se sentent abandonnés au moment où ils en ont le plus besoin et qui, sur « la foi d'un engagement « solennel, se sont nourris d'espérances trompeuses et « n'ont fait aucune réserve pour leurs vieux jours » (1).

C'est l'histoire de presque toutes les premières Sociétés de Secours mutuels. Abandonnées à leurs propres lumières, livrées à l'inspiration ou même à l'imagination de leur fondateur, nullement soutenues par le Gouvernement qui demeurait impassible devant cette faillite, elles furent souvent dans la nécessité de se dissoudre, faute de pouvoir faire face à leurs engagements téméraires.

§ II. — La loi du 15 juillet 1850 et le décret-loi du 26 mars 1852.

En présence de ces faits et pour éviter le retour de pareils dénouements, la loi du 15 juillet 1850 défendit absolument aux Sociétés mutuelles de promettre des

(1) LAURENT, *op. cit.*

pensions de retraite. Elle dit, art. 2 : « Ces Sociétés « (de secours mutuels) ont pour but d'assurer des « secours temporaires aux sociétaires malades, blessés « ou infirmes et de fournir aux frais funéraires des « sociétaires. »

« *Elles ne pourront promettre des pensions de « retraite aux sociétaires* ».

C'était donc l'impuissance des Sociétés mutuelles à assurer le service des pensions, reconnue législativement, et l'interdiction dorénavant de s'occuper d'autre chose que de la maladie. Les auteurs du projet de loi avaient pensé que rien ne garantissait au membre participant que la société dans laquelle il entrait et qui lui promettait une pension, durerait 30 ou 40 ans, jusqu'au moment de la liquidation de sa retraite. L'usine, qui est le centre de cette société, se soutiendrait-elle ? Le déposant n'irait-il pas lui-même porter sa famille dans une autre partie de la France ?...

Le législateur de 1852 n'a pas partagé cette opinion; il a jugé qu'une prohibition aussi absolue serait fâcheuse et qu'il n'était pas bon de s'opposer à la réalisation d'un des vœux les plus chers aux ouvriers.

Entre temps, en effet, les associations mutuelles s'étaient agitées et il apparaissait clairement que le refus de leur permettre de servir des pensions avait gravement arrêté leur essor.

Toutefois, le législateur se rendant compte, que livrées à leurs seules ressources, les Sociétés de Secours mutuels sont dans l'impossibilité absolue de faire face même aux seules dépenses de la maladie ; considérant en outre que ce service des pensions est et ne peut être qu'un service accessoire qui ne doit fonctionner qu'après que celui de la maladie a été bien rempli, il a permis aux seules Sociétés comptant un nombre important de membres honoraires de promettre des pensions. C'est ce qu'exprime l'art. 6 du décret du 26 mars 1852.

« Les Sociétés de Secours mutuels auront pour but « d'assurer des secours aux sociétaires malades, blessés « ou infirmes, et de pourvoir à leurs frais funéraires.

« Elles pourront promettre des pensions de retraite « si elles comptent un nombre *suffisant* de membres « honoraires ».

Il n'est pas douteux que le concours des membres honoraires dans les Sociétés qui les admettent rend beaucoup moins difficile pour ces Sociétés l'accomplissement des promesses relatives aux pensions de retraite. Mais le concours des membres honoraires soulève au point de vue des principes de nombreuses objections. Il est certain par exemple que l'avenir des Sociétés de Secours mutuels dépend de l'affranchissement de plus en plus grand de ces Sociétés et de la tutelle des membres honoraires et de celle de l'Etat sous forme de subventions. Mais pour le présent ils rendent des services et il ne faut pas condamner en bloc ces deux institutions, car elles seules ont permis aux Sociétés de vivre aussi longtemps et de rendre quelques services...

C'est pourquoi l'on voit encore aujourd'hui des hommes animés des intentions les plus louables, croire à la toute puissance des cotisations des membres honoraires et des bonifications d'intérêts pour assurer le fonctionnement des retraites. Ils prêchent aux mutualistes cette idée que l'objectif d'une loi sur la mutualité doit être la constitution de fortes subventions...

Cette erreur, dit M. Audiffred (1), que des « retraites « peuvent être constituées en dehors des cotisations « spéciales fournies par les sociétaires, est tout à fait « funeste et, si elle pouvait être propagée, elle suffirait à elle seule à mettre obstacle à l'accomplissement d'une des œuvres les plus utiles que puissent « réaliser les Sociétés de Secours mutuels ».

Et puis, ces cotisations ne sont pas obligatoires, elles n'engagent pas l'avenir, diminuent même ou disparaissent quand les difficultés de début des Sociétés sont franchies. Il n'est donc pas possible de fonder sur elle l'espérance des retraites, qui ne peuvent être assurées que par l'épargne propre de l'ouvrier (2).

En réalité, malgré l'appoint considérable qu'elles mettent dans les finances des Sociétés, elles ne les

(1) Rapport à la Chambre des députés. Session de 1888, p. 9.

(2) M. Jules Simon. Il n'y a qu'un homme qui puisse sauver l'ouvrier de la misère et cet homme, c'est l'ouvrier lui-même.

mettent jamais en situation de payer elles-mêmes ces pensions dont le terme aura été fixé d'avance et dont la diminution serait une inexécution partielle du contrat.

Ce n'est donc que dans des cas excessivement rares que les Sociétés mutuelles pourront promettre des pensions.

C'est en ce sens, du reste, que la Commission supérieure (1), paraît avoir toujours interprété l'art. 6 du décret du 26 mars 1852, relatif aux pensions de retraite.

Les statuts des Sociétés de Secours mutuels antérieurs à ce décret n'ont jamais été approuvés qu'à la condition de réserver au Conseil d'administration de la Société, le droit de réduire s'il en était besoin, les engagements de la caisse et de fixer les pensions, non d'après les promesses, mais d'après les revenus existants au moment de la liquidation. On a toujours jugé alors ce remède héroïque comme absolument indispensable. La situation n'est donc pas sensiblement meilleure qu'avant la loi de 1850 et avec la faillite complète des Sociétés. Quant aux Sociétés nouvellement fondées, la plupart ont été amenées à ne pas promettre de pensions fermes et à attribuer simplement à leur assemblée générale le droit de déterminer chaque année l'emploi des excédants de recette et avec la faculté d'appliquer ces excédents à la vieillesse de

(1) Instituée par le décret du 26 mars 1852.

leurs membres ; « évidemment un tel mode n'était pas une solution » (1).

§ III. — Le décret du 6 avril 1856.

L'institution par la loi du 18 juin 1850 d'une Caisse des Retraites pour la vieillesse et celle du fonds spécial de retraites créé pour les Sociétés approuvées par le décret du 6 avril 1856, tels sont les deux moyens sérieux offerts aux associations mutuelles pour inaugurer un système de pensions de retraites qui, tout en répondant à l'aspiration universelle et énergique de leurs membres, ne les entraîne pas infailliblement à la ruine.....

Nous avons étudié dans un précédent chapitre le premier moyen. Il nous reste à étudier le second. Mais une question préjudicielle est à résoudre.

Certains écrivains admettant pleinement la création de la Caisse des Retraites s'étonnent que le législateur, par le décret-loi de 1856, ait poussé pour ainsi dire les Sociétés de Secours mutuels à se charger du service des retraites alors qu'il existait déjà une institution chargée de ce service.

Le but principal, unique même des Sociétés de Secours mutuels, prétendent-ils, est, comme l'indique le législateur de 1850, de pourvoir aux frais de maladie des sociétaires et de remplacer par une allocation

(1) SERULLAZ, *op. cit.*

quotidienne le salaire momentanément absent. Il est conforme à la liberté et au principe de la libre initiative de chacun, de laisser les individus, s'ils s'en trouvent les facultés, de songer à épargner pour la vieillesse. Pour ces derniers, la Caisse des Retraites est ouverte. A quoi bon alors ce double service pour les Sociétés mutuelles, ces subventions et ce fonds de retraite — alors que les ouvriers prévoyants ont déjà à leur disposition un outil merveilleux destiné à leur procurer des pensions en cas de vieillesse.

Ainsi pourrait-on parler si la prévoyance était une vertu universellement pratiquée par les ouvriers et s'il était démontré que le chemin de la Caisse des Retraites leur fût absolument familier.

Mais il n'en est pas ainsi, et la statistique nous montre que la petite épargne va rarement à la Caisses des Retraites et qu'il lui faut nécessairement des intermédiaires.

Ces intermédiaires, la loi de 1850 (1) a pris soin d'indiquer expressément parmi eux les Caisses d'épargne et les Sociétés de Secours mutuels.

Les Caisses d'épargne, en rapports journaliers avec les ouvriers qui viennent à elles l'argent à la main, pour faire des versements, peuvent rendre à cet effet les plus grands services. Un grand nombre des clients des Caisses d'épargne n'auraient pas besoin d'une

(1) Loi du 18 juin 1850, art. 10.

grande incitation pour placer à la Caisse des Retraites les sommes qu'ils seront obligés de retirer avec regret de ces établissements, parce qu'elle dépasseront le maximum des dépôts qui y sont admis.

Un exemple du pouvoir de ces Caisses nous est donné par la Caisse d'Épargne de la ville de Nancy. Ayant bien conscience de l'ennui de l'ouvrier à se procurer et à produire les titres nécessaires pour l'obtention d'un livret à la Caisse des Retraites, elle se charge de rechercher elle-même au greffe l'acte de naissance du déposant, et elle se procure toutes les pièces nécessaires. Cet exemple que toutes les Caisses d'Épargne devraient suivre, serait de nature à créer un courant excessivement favorable aux ouvriers.

Mais c'est surtout aux Sociétés de Secours mutuels qu'était réservé de rendre ce service et Frédéric Bastiat écrivait déjà avant le vote de la loi du 18 juin 1850 :

« C'est à ces Sociétés, par les ressources matérielles « qu'elles créeront, par l'esprit d'association, l'expé- « rience, la prévoyance, le sentiment de la dignité « qu'elles feront entrer dans les classes laborieuses « qu'il est réservé d'enfanter les Caisses de Retraite ».

C'est dans ce but que fut créé en 1856 le fonds spécial de retraite pour les Sociétés approuvées qui allait donner à ces Associations des facilités considérables pour aborder résolument le problème des pensions de retraite.

Le décret du 26 avril 1856 marque un grand progrès dans l'histoire des Sociétés de Secours mutuels : il n'exige plus des Sociétés qui veulent servir des pensions de retraite qu'elles aient un certain nombre de membres honoraires : mais il ne concède néanmoins cette faculté qu'aux Sociétés approuvées (1) et il stipule qu'aucune pension ne pourra excéder « le décuple de la cotisation annuelle (art. 8), fixée par les statuts de la Société à laquelle le titulaire appartiendra... (2).

Ce décret permet donc aux Sociétés approuvées de créer un fonds spécial de retraite à la Caisse des Dépôts et Consignations, sous la garantie de l'État. Ce fonds de retraite est composé :

1° Des versements des Sociétés mutuelles. D'après ce décret, ces Sociétés doivent prendre en assemblée générale l'engagement de consacrer à leurs fonds de retraite une portion de leur capital de réserve. Mais, avant de prélever cet excédent disponible destiné aux fonds de retraite, leur service de maladie doit être parfaitement assuré, et il est bien admis que les sociétaires malades ont un privilège primant celui des sociétaires âgés....

Et du reste, pour plus de sûreté, les prélèvements votés au profit du fonds de retraite sont examinés par la Commission supérieure et approuvés, s'il y a lieu, par le Ministre de l'Intérieur (3).

(1) Art. 1.

(2) Art. 8 du décret du 26 avril 1856.

(3) Art. 7 du même décret.

La Commission supérieure s'assure si le service des indemnités de maladie n'est pas compromis pour l'avenir et si le versement n'est pas hors de proportion avec les ressources sociales. « Les Sociétés de Secours « mutuels, dit la Commission supérieure de 1859, « doivent toujours conserver dans leurs réserves la « représentation d'une année de cotisations de leurs « membres (1).

Le fonds spécial de retraite comprend en outre des versements faits par les Sociétés de Secours mutuels :

2° Les subventions administratives prises sur le revenu de la dotation des Sociétés de Secours mutuels (2).

3° Les dons et les legs...

Une fois le fonds de retraite constitué, les Sociétés sont libres de choisir elles-mêmes les candidats aux pensions servies par ces fonds. Leur choix est libre, sauf que le futur pensionnaire doit avoir 50 ans d'âge et avoir acquitté la cotisation sociale pendant dix ans au moins (3).

Cette pension est incessible et insaisissable et le pensionnaire ne peut même pas en faire abandon à la Société dont il fait partie.

D'après ce même décret, les sommes destinées aux fonds de retraite sont placées à la Caisse des Dépôts et Consignations au taux de 4 1/2 °/₀.

(1) *Bulletin des Sociétés de Secours mutuels*, 1859, p. 93.

(2) Cette dotation de 10 millions, provenait de la vente des biens de la famille d'Orléans.

(3) Décret du 26 avril 1856, art. 6 ..

Les Sociétés, pour assurer des pensions à leurs membres, ont d'ailleurs le choix entre les trois systèmes suivants :

1° Verser leurs fonds à la Caisse des Dépôts et Consignations sans prendre de livrets à la Caisse des Retraites. Dans cette hypothèse, les fonds déposés sont productifs d'intérêts jusqu'au jour où les pensions sont liquidées. Les capitaux absorbés par le service des pensions sont versés à la Caisse des Retraites par la Caisse des Dépôts et Consignations à l'époque de l'entrée en jouissance et font retour au fonds de retraite social au décès des pensionnés ;

2° Placer de suite à la Caisse des Retraites, au nom des membres désignés, la somme nécessaire pour la constitution de la pension en réservant le capital ;

3° Faire la même opération en aliénant le capital.

Le premier système est celui que les Sociétés approuvées adoptent presque exclusivement. C'est le seul d'ailleurs qui réponde aux vœux du législateur ainsi que le montrent la Commission supérieure dans divers de ses rapports et le Gouvernement dans une circulaire du 24 mai 1856 : « L'art. 4 du décret du « 26 avril 1856 laisse aux Sociétés la faculté d'aliéner « ou de réserver la portion du fonds de retraite qu'elles « *ont fournie* : mais en stipulant que la portion du « fonds de retraite accordée par l'Etat demeurerait « inaliénable, le Gouvernement a suffisamment indi- « qué aux Sociétés la voie dans laquelle il désirait les

« voir entrer. L'intérêt collectif et permanent de l'ins-
« titution doit l'emporter sur le désir d'accroître au
« moyen de l'abandon du capital, le chiffre des
« pensions » (1).

Le Gouvernement crut n'avoir pas encore assez fait pour la Mutualité en créant le fonds spécial de retraites et pour bien montrer aux Sociétés mutuelles qu'il désirait les voir entrer dans la voie des pensions, il a affecté, sur les revenus de la dotation de 10 millions prélevé sur la vente des biens de la famille d'Orléans et affecté en dotation aux Sociétés de Secours mutuels par décret du 27 mars 1852..., une somme de 200,000 fr. destinée à la constitution d'un fonds de retraite au profit des Sociétés approuvées qui prendraient, en assemblée générale, l'engagement de consacrer à ce fonds de retraite, une portion de leur capital de réserve... Ces 200,000 fr. vinrent en augmentation proportionnelle des versements effectués par les Sociétés bénéficiaires au compte de leurs fonds de retraite.

Pareil encouragement devait produire de prompts résultats. En effet, la plupart des Sociétés approuvées adoptèrent cette méthode et bientôt tous les revenus de la dotation furent employés à subventionner les fonds de retraite. Ils devinrent même insuffisants à un moment donné et à partir de 1881, un crédit spécial fut voté chaque année par le Parlement pour parfaire le surplus des subventions.

(1) *Bulletin des Sociétés de Secours mutuels*, 1856, p. 120.

Car, beaucoup de Sociétés libres ne se sont soumises alors au régime de l'approbation et n'ont aliéné leur liberté que pour profiter des subventions gouvernementales accordées au fonds de retraite.....

Au reste, nous relevons dans une statistique l'essort considérable donné par le décret de 1856 aux Sociétés mutuelles et par ce moyen nous serons à même d'apprécier son importance.

Dès 1856, 994 Sociétés de Secours mutuels possèdent un fonds de retraites conforme au décret du 26 avril 1856, et le montant de ces divers fonds est de 741,234 fr.

A partir de ce moment, l'impulsion est donnée et les Sociétés s'empressent d'entrer dans la voie qui leur est ouverte.

En 1860, 1,558 sociétés ont un fonds de retraite de	...	4,233,846 fr.
En 1865, 2,222	—	10,492,169
En 1870, 2,612	—	18,138,094
En 1875, 2,629	—	25,670,098
En 1880, 2,809	— ...	38,113,046
En 1885, 3,247	—	59,333,842

Le capital absorbé par les pensions de Retraites liquidées s'élève à

En 1860 à	199,365 fr.
En 1865 à........................	1,234,908
En 1870 à	3,761,903
En 1875 à	9,350,038
En 1880 à	17,622,080
En 1885 à	30,278,056

A cette dernière date les Sociétés de Secours mutuels avaient donc à la Caisse des Dépôts et Consignations un solde créditeur de 29,055,786 fr.

Le nombre des pensionnaires a augmenté à mesure que les ressources des Sociétés grandissaient.

En 1870 on compte........	2,633	pensionnaires.
En 1875 —	6,589	—
En 1880 —	12,075	—
En 1885 —	19,904	—

La valeur moyenne des pensions concédées annuellement par les Sociétés approuvées sur leurs fonds de retraites a été

En 1875, de........................	70 fr.	47
En 1880, de........................	66	22
En 1388, de........................	71	66 (1)

Et remarquons que les Sociétés servent également des pensions importantes sur leur fonds de réserve distinct du fonds de retraites, ce qui laisse entrevoir les immenses bienfaits que sème autour d'elle notre institution.

Aujourd'hui, 4,500 Sociétés approuvées possèdent un fonds de retraites à la Caisse des Dépôts et Consignations et servent à leurs vieillards participants 40,800 pensions dont la moyenne officielle est de 70 fr. et ces pensions n'ont rien coûté aux pensionnaires, attendu qu'en frais de maladie seulement ils ont dépensé plus qu'ils n'ont apporté.

Malgré les 510,000 fr. provenant de la dotation,

(1) SERULLAZ, *op. cit.*, p. 385 et s.

des crédits ordinaires sont comme nous l'avons vu, inscrits chaque année au budget afin de pourvoir aux dépenses nécessitées par l'allocation des subventions proportionnelles au fonds de retraite. En 1885, le Parlement ouvrit un crédit de 200,000 fr. pour couvrir le déficit ; en 1886 un crédit supplémentaire de 150,000 fr. pour le même motif.

Bref, si l'on totalisait jusqu'à l'année 1899 les crédits en subvention aux Sociétés qui ont un fonds de retraite, on trouverait le chiffre de 9 millions et demi en 20 ans, de l'année 1881 à 1900 (1). « Si l'on met « en regard ce ce minime sacrifice (dit M. Barberet), « la somme de services sociaux qu'elles rendent aux « populations laborieuses, on est forcé de convenir « que c'est une libéralité bien employée. Les avantages « qu'elles procurent aux mutualistes leur amènent de « nouvelles recrues, qui, une fois entrés dans les « rangs de la mutualité, ne frappent plus à la porte « des bureaux de bienfaisance. C'est autant de clients « éventuels enlevés à l'assistance publique. Or, l'assisté « reçoit tout et ne donne rien, tandis que l'Etat exige « des membres de Sociétés de Secours mutuels qu'ils « s'entraînent d'abord eux-mêmes, pour obtenir le « bénéfice de ses subsides » (2).

Toutes ces faveurs, la sollicitude attentive du Gouvernement à leur développement devait favoriser

(1) BARBERET, *La nouvelle loi sur les Sociétés de Secours mutuels* (Introd.).
(2) BARBERET, *op. cit.* (Introd.).

considérablement l'essor des Sociétés mutuelles, aussi est-il intéressant de rechercher le chemin parcouru depuis 1850.

En 1848, nous l'avons vu, la Mutualité consistait en quelques centaines de Sociétés qui, toutes ou presque toutes, avaient un caractère simplement amical ou corporatif.

Mais l'idée d'association devint si pressante pendant ces trois années d'un régime de liberté, qu'on en comptait 2,438 lorsque survint le coup d'Etat.

Elles se développèrent rapidement malgré la réglementation sévère de la législation impériale. Le nombre des Sociétés de Secours Mutuels approuvées était en 1872 de 4,237, non compris les 536 Sociétés créées sur les territoires cédés à l'Allemagne et celui des Sociétés autorisées de 1,556, soit au total 5,793.

Le nombre a presque doublé aujourd'hui. La statistique de l'année 1895 porte le nombre des Sociétés de Secours mutuels approuvées à 7,696, en augmentation de 178 sur celui de 1894. Celui des Sociétés autorisées à 2,892, en augmentation de 82 sur celui de 1894.

Le nombre des mutualistes a suivi la même progression.

	589,929	dans les sociétés approuvées en 1872.
	208,882	dans les sociétés autorisées.
TOTAL....	798,811	

1,256,030 dans les sociétés approuvées en 1895 (pour 7,411 sociétés qui ont fourni leur compte sur 7,696).

343,408 dans les sociétés autorisées, avec une diminution de 32,402 sur 1894 due à la loi du 29 juin 1894 qui a transféré au Ministre des Travaux publics les sociétés d'ouvriers mineurs, transformées en caisses de secours et de retraites.

TOTAL.... 1,599,438

15,969 membres de plus qu'en 1894.
800,627 — 1872.

Quant à l'avoir des Sociétés de Secours mutuels, il était en 1872 de 59,990,889 fr. se décomposant de la manière suivante :

Sociétés approuvées : Fonds disponibles....	21,552,639 fr.
Sociétés approuvées : Fonds de retraites....	20,178,427
Sociétés autorisées : Avoir................	16,259,822

Au 31 décembre 1895, il atteignait le chiffre de 226,982,119.

En augmentation sur 1872 de 168,991,229, se décomposant de la manière suivante :

Sociétés approuvées : Fonds de réserve...	79,490,595 fr.
Sociétés approuvées : Fonds de retraites .	115,253,442
TOTAL............	188,744,037 fr.
Sociétés autorisées : Avoir..	38,238,381
Les recettes des Sociétés de Secours mutuels ont atteint en 1895....................	32,849,069 fr.
Les dépenses (y compris les versements ou fonds de retraites).....................	29,926,577
Soit un excédent de recettes de.....	4,107,368 (1).

(1) LOURTIES, Rapport au Sénat, p. 9 et s.

Le dernier rapport sur les opérations de Secours mutuels publié à la date du 1er avril 1899, donne la situation de l'année 1896.

Au 31 décembre 1896, le nombre des Sociétés approuvées ou reconnues d'utilité publique, était de 7,943, en augmentation de 247 sur celui de 1895, qui était de 7,696. En 1895, elles comptaient 216,247 membres honoraires et 1,039,783 membres participants (hommes, femmes et enfants).

En 1896, les 7,657 Sociétés qui ont fourni le compte de leurs opérations avaient 224,149 membres honoraires et 1,157,703 membres participants, soit une augmentation de 7,902 membres honoraires et de 117,920 membres participants, ensemble 125,822 (1).

Le chiffre de leurs recettes qui était de 24,277,513 fr. en 1895, s'est élevé à 26,884,528 fr. L'augmentation est de 2,607,015 fr.

Leurs dépenses en 1895 étaient de 21,642,550 fr., elles ont monté à 21,697,588 fr. en 1896, soit une légère augmentation de 55,038 fr.

L'excédent des recettes, qui était de 2,634,943 fr. en 1896, s'est élevé à 5,186,939 fr. en 1896.

Le montant de leurs fonds de réserve, qui était de 73,490,595 fr. en 1895, a atteint 87,104,510 en 1896, et le montant de leurs fonds de retraites, qui était de

(1) Cet écart énorme entre le nombre des membres des deux années tient à l'approbation de la « France prévoyante » le 22 juillet 1896, qui a augmenté de 75,470 membres participants et de 9,871,000 fr. le personnel et l'avoir de la mutualité.

115,253,442 fr. en 1895, s'est chiffré par 121,463,185 fr. en 1896.

Le nombre des pensionnaires, qui était de 36,944 au 31 décembre 1895, montait à 38,874 en 1896, à la même date, soit 1,950 en plus.

La moyenne du taux des pensions constituées en 1895 était de 72 fr. 60, majorations comprises. En 1896, cette moyenne a été de 73 fr. 71 et, en outre, des Sociétés en nombre important ont continué le service de leurs pensions sur les intérêts de leurs fonds de dépôts en compte courant qui rapportent 4 fr. 50 °/₀ pour tout ou partie de la rente à laquelle avaient droit les pensionnaires. Il en résulte que la quotité de 73 fr. 71 indiquée plus haut, est notablement inférieure à la moyenne réelle des rentes constituées qui est à peu près de 100 fr.

Les arrérages des pensions qui étaient de 2,640,604 fr. en 1895, y compris les majorations de l'État, ont été de 2,795,927 fr. en 1896, en augmentation de 155,323 fr.

Enfin, l'avoir total des Sociétés approuvées ou reconnues qui, au 31 décembre 1895, était de 188,744,037 fr. accusait une somme de 208,567,695 fr. en 1896 à la même date, soit en plus 19,823,658 fr.

Sociétés autorisées. — Le nombre des Sociétés autorisées qui était de 2,892 en 1895 montait à 3,017 en 1896.

Elles avaient 28,752 membres honoraires en 1895 et 30,018 en 1896.

Elles avaient 314,656 membres participants en 1895 et 324,338 en 1896.

Leurs recettes qui en 1895 étaient de 8,571,556 fr., en 1896 étaient de 8,608,241 fr.

Leurs dépenses qui étaient en 1895 de 8,084,027 fr. se sont réduites en 1896 à 6,217,425 fr. (1).

L'avoir total des Sociétés autorisées qui était de 38,238,081 fr. en 1895 a atteint 40,042,981 fr. en 1896.

En résumé, l'ensemble des Sociétés approuvées ou reconnues et des Sociétés autorisées présente en 1896 les différences suivantes sur 1895 :

En 1895, il y avait 10,588 Sociétés de Secours mutuels, comptant 1,599,438 membres et possédant 226,982,119 fr.

En 1896, au 31 décembre, le nombre de ces Sociétés était de 10,960, comptant 1,736,208 membres et possédant 248,610,667 fr.

L'augmentation de 1896 sur 1895 est de 372 Sociétés, de 136,770 membres participants ou honoraires et de 21,628,558 fr. (2).

Nous avons cru utile de reproduire ces chiffres officiels pour démontrer que la mutualité française a

(1) Cette réduction considérable de dépenses est due à deux importantes sociétés du Gard et de Saône-et-Loire, qui possèdent un fonds de retraites important et qui, ayant été rattachées au Ministère des Travaux publics par la loi du 29 juin 1894 ont cessé à partir de 1896 de figurer dans la statistique des Sociétés de Secours mutuels.

(2) Chiffres empruntés au Rapport sur les opérations des Sociétés de Secours mutuels pendant l'année 1896, p. 5 et s.

acquis dans ces vingt-cinq dernières années un développement considérable et que la progression continue à s'accentuer chaque année.

§ IV. — La loi du 1er avril 1898. — Imperfections de la législation antérieure.

Le décret de 1856 réalisait un véritable progrès dans l'organisation des Sociétés de Secours mutuels, mais il ne tarda pas à soulever de nombreuses critiques dans le monde de la mutualité. Une disposition de ce décret choquait tout particulièrement; c'était la limite assignée à la quotité de la pension.

« La pension, disait l'article 8, ne pourra en aucun « cas dépasser le décuple de la cotisation annuelle ».

Cette disposition était aussi irrationnelle que celle du décret-loi de 1852, ne permettant le service des pensions de retraite qu'aux Sociétés ayant un nombre suffisant de membres honoraires.

S'il est, en effet, une matière dans laquelle on doive laisser une entière liberté aux Sociétés, c'est bien dans la fixation de la quotité des pensions. Elles seules doivent être juges d'apprécier cette quotité, en tenant compte de leurs ressources.

Il est certain qu'au début on a voulu préserver les Sociétés « contre des entraînements de sympathies « généreuses, parfois irréfléchies (1) », mais après tant d'années d'expériences de tous genres, il est

(1) Exposé des motifs du projet de loi du 18 mars 1882.

abusif et regrettable d'empêcher une Société d'assurer à ses vieillards telle pension que lui permettra sa situation financière. Aussi, ne saurait-on se contenter à cet égard de la modification proposée par le Gouvernement, en 1882 (projet Goblet). Elle porterait à 50 fr. le minimum fixé précédemment à 30 fr. (1), et le maximum de la pension pourrait égaler douze fois la cotisation annuelle au lieu de dix fois (2).

Ces concessions sont irrationnelles et insuffisantes et dans cette matière, le législateur doit laisser aux Sociétés une liberté complète.

Mais à côté de cette restriction regrettable du chiffre de la pension, le décret de 1856 laissait subsister une injustice criarde.

En effet, d'après ce décret, les Sociétés de Secours mutuels, ayant un fonds de retraite à la Caisse des Dépôts et Consignations, ne pourront opérer des versements à la Caisse des Retraites qu'en faveur des sociétaires, âgés de plus de 50 ans (3).

Il est tout d'abord regrettable qu'il soit interdit aux associations mutuelles de faire avant cet âge des versements individuels à la Caisse des Retraites en faveur de leurs membres participants. Ces versements effectués par les Sociétés inciteraient puissamment, en effet, les sociétaires au nom duquel ils auraient lieu

(1) Art. 8 du décret du 26 avril 1856.
(2) Art. 18.
(3) Décret du 26 avril 1856, art. 6.

à en faire d'autres, personnellement, pour grossir le chiffre de leurs pensions.

Mais, où l'injustice apparaît, c'est quand on se reporte à l'art. 6 de la loi du 15 juin 1850. Que dit en effet cet article : il permet aux individus, titulaires d'un livret à la Caisse des Retraites, de faire liquider leurs pensions, même avant l'époque fixée par les contrats de rentes viagères, mais en cas de blessures ou d'infirmités graves, entraînant incapacité de travail, et régulièrement constatées (1).

Mais alors les Associations mutuelles ne pouvant opérer des versements à la Caisse des Retraites qu'en faveur de leurs sociétaires âgés de plus de 50 ans, ne pourront profiter de l'intention bienveillante dont s'est inspiré le législateur dans la rédaction de l'art. 6. « Elles vont se trouver ainsi dans une situation infé-« rieure à celle des simples particuliers » (2), car la pre-« mière personne venue peut légalement faire des versements depuis l'âge de 3 ans et bénéficier de cette disposition spéciale si elle est frappée d'incapacité de travail avant l'âge de 50 ans.

Evidemment, cela paraît irrationnel, inique même, et on doit attribuer cette situation douloureuse faite aux Sociétés mutuelles dans ce cas spécial par le décret de 1856 à une négligence du législateur.

D'autre part, la législation impériale défendait aux

(1) Art. 6 de la loi du 15 juin 1850.

(2) Maze, *Rapport sur les Sociétés de Secours mutuels*, p. 13.

Sociétés de Secours mutuels de pratiquer des unions. Cette prohibition donna lieu à de nombreuses difficultés et était un obstacle très considérable à l'entrée des ouvriers dans les Sociétés de Secours mutuels. La population ouvrière est une population essentiellement *nomade* et quand le travail manque dans un pays, elle est bien obligée de chercher ailleurs où gagner sa vie. En outre, la grande majorité des sociétés de prévoyance mutuelle exige de ses adhérents le domicile, en tous cas la résidence et souvent même un droit d'entrée. Qu'arriverait-il souvent alors pour l'ouvrier, affilié à une Société de Secours mutuels, obligé pour vivre, de quitter sa petite ville. Il était rayé des contrôles de la Société et le fruit de ses épargnes était perdu pour lui. Il était obligé de recommencer, de payer un nouveau droit d'entrée de plus en plus élevé avec l'âge et souvent même, il était éconduit parce que les statuts de la Société dans laquelle il voulait entrer s'opposaient à l'admission de membres aussi âgés. De là, pour les ouvriers nomades, résultait une situation douloureuse et cette crainte empêchait un grand nombre d'entre eux, qui se rendaient parfaitement compte des services que pouvait rendre l'association, d'entrer dans les Sociétés de Secours mutuels.

Voilà un exemple de nature à permettre les unions entre les Sociétés de Secours Mutuels, mais d'autre part, si les secours en cas de maladie ne peuvent être convenablement fournis que par de petites Sociétés locales ayant un petit nombre de membres, car elles ont seules la possibilité d'exercer une surveillance efficace afin de combattre le coulage et les abus, il est hors de doute que seules les Sociétés nombreuses et hétérogènes peuvent entreprendre les opérations à long terme, telles par exemple que les retraites d'âge.

Ces opérations, en effet, ne réclament qu'une très petite surveillance ; mais elles exigent en outre un groupe nombreux de participants, pour que les effets du hasard ne viennent pas modifier profondément les prévisions de la statistique, pour que le placement des fonds s'effectue dans des conditions rémunératrices et pour que les frais de gestion indispensables ne grèvent pas trop lourdement chacun des associés. Il est bon aussi que les Sociétés ne soient pas trop strictement groupées afin que les variations de la mortalité n'influent pas trop sur les finances de la collectivité.

Ces deux remarques montreraient que les opérations à long terme et les secours en cas de maladie ne sauraient être réunis sans de graves inconvénients. Il semblerait donc que la mutualité dût nécessairement se trouver partagée en deux branches distinctes. — Mais l'existence des Unions entre Sociétés, permettra justement de relier ces deux branches de la façon la plus intime. — Les petites Sociétés locales pourront borner sagement leur rôle à la distribution des secours en cas de maladie. Puis se syndiquant par exemple, dans une région déterminée, elles pourront former une

Union, qui, elle, distribuera des secours au décès, et servira des pensions de retraite à tous les membres participants des Sociétés unies. Cette combinaison est fort en honneur chez nos voisins d'Outre-Manche, et leurs grandes Associations mutuellistes — *Ancient Order of Foresters* — *Old fellows of Unity of Manchester*, etc., ne sont que des fédérations de groupes locaux.

Enfin, les Unions, permettant le transfert des membres participants obligés de changer de résidence, résoudra la difficulté dont nous avons parlé plus haut. Ces ouvriers nomades pourront aisément passer d'une des Sociétés unies dans une autre, sans perdre le bénéfice des droits acquis par eux au moment de leur départ.

Puis, malgré les encouragements de toutes sortes, donnés aux Sociétés mutuelles ayant constitué un fonds de retraite, il faut reconnaître que les efforts tentés en ce sens n'avaient pas été brillants et que malgré tout le bien qu'elles faisaient, les Sociétés ne donnaient que des pensions très faibles, insuffisantes même.

Sur 12,075 pensions inscrites au 31 décembre 1880, à la Caisse des Retraites pour la vieillesse, il y en avait 11 de 600 fr. et 23 de 500 fr., toutes dans le département de la Seine.

On en compte, d'autre part :

172............	240 fr.	127............	90 fr.
198............	200	419............	80
161............	181	396............	72
221............	150	1,629............	60
425............	120	1,769............	50
1,010............	100	2,412............	30 (1).

Pour l'ensemble, la moyenne était de 66 fr. 22.

Il est bien vrai qu'un certain nombre de Sociétés de Secours mutuels avaient commencé à accorder des suppléments de pension sur leurs fonds de réserve. C'est ainsi qu'en 1880, 357 titres nouveaux, représentant un revenu supplémentaire total de 8,300 fr. et une moyenne de 23 fr. 22 (2) par supplément, avaient été concédés. Mais avec ou sans cette augmentation bien légère et appliquée à un nombre si restreint de personnes, les chiffres cités montraient trop combien il restait encore à faire dans cette voie.

En somme, de graves lacunes existaient dans la législation impériale. Depuis de longues années, tout le monde sentait le besoin de modifier le régime légal des Sociétés de Secours mutuels. Les doléances des mutualistes, après avoir ému l'opinion, ne devaient pas tarder à être portées à la tribune des Chambres.

Avant d'arriver à l'étude de la législation actuelle, nous allons passer en revue les principaux projets de loi.

(1) Statistique. Rapport du Ministre de l'Intérieur au Président de la République sur les opérations des Sociétés de Secours mutuels pendant l'année 1880.

(2) Chiffres empruntés au rapport Maze sur les Sociétés de Secours mutuels, p. 17.

Projet de M. Hubbard (projet publié et communiqué à la Chambre en 1880). — M. Hubbard, est partisan du système de l'enregistrement tel qu'il se pratique en Angleterre. Il soutient de plus le principe de la réglementation à outrance. Il exige la constitution de tables de mortalité d'après lesquelles on pourra fixer *mathématiquement* le tarif des primes à payer suivant l'âge, la profession, etc., pour faire partie d'une Société de Secours mutuels. Dans le projet Hubbard, l'actuaire tient une place très importante et ce sera lui qui imposera aux Sociétés le chiffre des cotisations à percevoir.

L'enregistrement est accordé par le Ministre de l'Intérieur, sur l'examen des pièces suivantes transmises par le préfet.

1° Les statuts.

2° Le règlement intérieur.

3° Le rapport d'un actuaire établissant l'exacte proportionnalité des ressources aux charges.

L'actuaire tiendra donc dans ses mains le sort de la Société, car il est évident que c'est de son rapport que dépendra la décision ministérielle emportant enregistrement. Une fois enregistrée, les Sociétés seront placées sous la surveillance sévère de l'administration. Tous les ans, elles devront envoyer des comptes sociaux faisant connaître exactement le résultat de l'exercice expiré. Tous les ans, elles devront envoyer un rapport supplémentaire rédigé par un actuaire, établissant le bilan de leur situation financière et contenant un état détaillé des cas de maladie ou de mort qui se seraient produits pendant la période écoulée.

Toute Société qui n'enverrait pas son compte à l'époque désignée perdrait *ipso facto* le bénéfice de l'enregistrement. L'enregistrement est également retiré à toute Société qui, par sa mauvaise gestion, s'est mise hors d'état de faire face à ses engagements.

Les sommes provenant des dotations faites aux Sociétés de Secours mutuels seraient distribuées directement par le Ministre de l'Intérieur aux Sociétés qui se seraient distinguées dans la pratique de la prévoyance.

Ce projet, qui aurait ravi aux Sociétés mutuelles la liberté indispensable à leur bon fonctionnement, fut en 1882, au Congrès de Rouen, repoussé à l'unanimité sur le rapport de M. Maze. Il n'a pas eu meilleure fortune devant le Parlement.

Projet du Gouvernement. — Ce projet a été présenté le 18 mars 1882 à la Chambre des Députés par MM. L. Say, Goblet et Tirard, Ministres.

Le titre Ier qui s'occupe de l'organisation des Sociétés de Secours mutuels, rappelle en plus d'un endroit le décret du 26 mars 1852. C'est toujours la commune qui est donnée pour berceau aux Sociétés approuvées et le Ministre de l'Intérieur et ses préfets continuent à donner l'approbation.

Les autres articles sont empruntés à la législation

impériale et ne contiennent aucune innovation intéressante ; seule, la dotation des Sociétés de Secours mutuels est portée de 10 à 20 millions.

Dans ce projet, un privilège important était accordé aux Sociétés autorisées.

Ces Sociétés auraient eu la faculté de faire à la Caisse des Dépôts et Consignations des versements pour constituer des pensions viagères de retraites, et le capital affecté à la constitution des rentes viagères calculé au taux privilégié de 5 °/°.

En outre, les Sociétés autorisées auraient droit aux subventions proportionnelles comme les Sociétés approuvées.

Ce projet, peu original, n'était qu'une copie servile de la législation impériale.

Projet adopté par la Commission de la Chambre. — La Commission parlementaire nommée pour examiner les divers projets de loi sur les Sociétés de Secours mutuels, présenta à la Chambre un nouveau texte qui fut voté dans la séance du 12 mars 1883 après un rapport de M. Maze.

D'après ce projet, les Sociétés se constituent et s'administrent *librement* sous la seule condition de déposer 1° les statuts, 2° la liste des noms et adresses des personnes qui sont chargées de la direction ou de l'administration.

Une fois cette formalité accomplie, les Sociétés ont la personnalité civile avec les avantages juridiques qui en découlent.

Les Sociétés mutuelles ont le droit de former des unions et le droit de les dissoudre est réservé aux tribunaux dans le cas où elles dévieraient de leur but de prévoyance mutuelle.

Pour obtenir l'approbation, les Sociétés en font la demande au Ministre de l'Intérieur, et le Ministre est tenu de prendre l'avis du Conseil supérieur de la mutualité. L'approbation leur confère divers avantages : ce sont les mêmes que sous la législation antérieure, sauf le droit reconnu aux Sociétés approuvées d'acquérir les immeubles nécessaires à leurs réunions.

Ce projet institue un Conseil supérieur de la mutualité.

Projet presenté par la Commission du Sénat. — Le projet voté par la Chambre le 12 novembre 1883, a été examiné au Sénat par une Commission qui chargea L. Say de rédiger un rapport sur la question.

La Commission du Sénat, au régime de l'approbation, substitua celui de l'*homologation,* qui n'est autre chose qu'une déclaration de conformité à la loi.

L'article 1er contient une énumération très longue des buts que peuvent poursuivre les Sociétés de Secours mutuels, mais, c'est une énumération, et nous avons fait déjà remarquer les dangers de cette pratique.

Les unions sont permises entre Sociétes, mais en limitant leur activité à certaines opérations. Le projet donne aux Sociétés de grandes facilités pour le placement de leurs capitaux. Outre les placements aux Caisses d'épargne et à la Caisse des Dépôts et Consignations, les Sociétés peuvent effectuer des placements en valeurs garanties par l'Etat, les départements et les communes. Bien plus, par délibération spéciale, l'Assemblée générale peut autoriser d'autres placements, dans des conditions et pour une quotité déterminée par la délibération même.

Le Sénat ne crut pas devoir accepter intégralement le projet qui lui était soumis, et après une longue discussion, vota un projet bien différent.

Projet de loi sénatorial. — Ce projet reproduit l'ancienne distinction entre les Sociétés libres et les Sociétés approuvées.

Les sociétés libres se forment sans l'autorisation du Gouvernement, sous les deux conditions suivantes :

1° Dépôt des statuts à la préfecture ;

2° Communication de la liste des noms et adresses des personnes chargées de l'administration de la Société.

Les avantages que le projet confère aux Sociétés libres sont peu nombreux.

1° Elles pourront ester en justice par leur président ou son délégué.

2° Elles pourront faire des actes de simple administration, recevoir et employer les sommes provenant des cotisations.

Mais, en revanche, elles ne peuvent recevoir, ni

dons, ni legs mobiliers ou immobiliers, à peine de nullité. Cette nullité est même d'ordre public, et le ministère public peut l'invoquer d'office.

Elles ne peuvent constituer un fonds collectif de retraite à la Caisse des Dépôts et Consignations.

Le projet revient au droit commun, en confiant aux tribunaux judiciaires le droit de prononcer la dissolution des Sociétés libres dans certains cas déterminés.

Au système de l'approbation, le projet substitue celui de l'homologation, conférée par le Ministre de l'Intérieur.

L'homologation confère la personnalité civile avec les avantages juridiques y attachés.

Les Sociétés homologuées, comme les Sociétés approuvées, se trouvent toujours placées sous la tutelle et la surveillance de l'administration.

Elles sont tenues de communiquer leurs livres, registres et autres pièces aux préfets ou à leurs délégués. Enfin elles peuvent se voir retirer l'homologation et même être frappées de dissolution par décret rendu en Conseil d'Etat sur la proposition du Ministre de l'Intérieur et après avis du Conseil supérieur. C'est donc toujours l'autorité administrative qui donne et retire la vie aux Sociétés mutuelles approuvées. Nous avons vu au contraire que les tribunaux seuls peuvent prononcer la dissolution des Sociétés libres. La distinction est irrationnelle.

La dissolution d'une Société homologuée ne peut être prononcée que dans les deux cas suivants :

1° Inexécution des statuts.

2° Violation des dispositions de la loi.

Le projet règle aussi minutieusement la mode de liquidation des Sociétés dissoutes et établit un ordre entre les divers créanciers. Il institue un conseil supérieur de la mutualité. Il consacre aussi le principe de l'insaisissabilité des rentes viagères constituées par la Caisse des Retraites jusqu'à concurrence de 360 fr. et cette disposition est applicable aux Sociétés libres comme aux Sociétés homologuées.

Le projet de loi sénatorial ne fut pas favorablement accueilli dans le monde mutualiste.

La Chambre des Députés refusa d'adopter le projet de loi sénatorial et elle revint au projet qui lui avait été présenté le 25 novembre 1882, par sa Commission, dont le rapporteur était M. Maze.

Le 14 juin 1889, elle adoptait une seconde fois ce projet sur le rapport de M. Audiffred en introduisant dans le texte de nouveaux changements.

Ce ne fut que huit mois plus tard que le projet ainsi remanié fut transmis au Sénat. Une Commission fut nommée et le 15 décembre de la même année, M. Maze déposait son rapport sur le bureau du Sénat.

La maladie et la mort de M. Maze et les réserves du Ministre de l'Intérieur au sujet de certaines dispositions de la loi eurent pour résultat un nouvel ajournement.

Le 3 juin 1892, le nouveau rapporteur, M. Cuvinot, soumettait au Sénat un nouveau texte amendé après entente avec le Gouvernement.

Ce texte était adopté avec un certain nombre de modifications par le Sénat, dans les séances des 14 et 23 juin 1892.

Sur ces entrefaites, la législature prenait fin. Mais dès le 2 décembre 1893, une proposition de loi de MM. Audiffred, Aynard, Ricard, Guyesse, etc., était déposée sur le bureau de la Chambre, en prenant pour base le projet élaboré par les précédentes législatures.

Dès le dépôt de la proposition de loi, la Commission d'assurance et de prévoyance sociale était saisie de son examen. Des protestations s'élevaient dans le monde de la mutualité contre certaines de ses dispositions. De toute part on demandait avec insistance que le texte fût amendé et complété.

La ligue nationale de la Prévoyance et de la Mutualité donna mission à un de ses vice-présidents, M. Cheysson, de soumettre à la Commission les observations que l'étude du projet lui avait suggérées.

La plupart de ses doléances furent admises par la Commission.

Enfin, la loi fut votée par la Chambre, dans ses délibérations des 21 mai, 28 mars et 4 juin 1897. Il fut transmis au Sénat, le 11 juin 1897. Le 31 décembre 1897, M. Lourties déposa au Sénat son rapport, et le projet revint en première délibération, le 8 février 1898; la discussion continua les 10 et 11 février et il fut adopté après déclaration d'urgence le 15 février. Il fut transmis à la Chambre des députés le 19 du même mois et devint l'objet d'un rapport de M. Audiffred le 10 mars. Le 12 mars 1898, le projet fut définitivement voté par la Chambre des députés et est devenu la loi actuelle, qui porte la date du 1er avril 1898 (1).

§ V. — Caractères de la nouvelle loi.

Un des traits caractéristiques de la nouvelle loi, c'est la suppression de l'arbitraire administratif qui présidait seul jusqu'à ce jour, à la naissance des Sociétés de Secours mutuels.

Pour être simplement autorisées, c'est-à-dire pour avoir le droit d'exister, ces Sociétés devaient se soumettre aux prescriptions de l'art. 291 du Code pénal (2).

Lorsqu'elles voulaient faire un pas de plus et jouir des avantages spéciaux que l'Etat réserve aux mutualistes, elles devaient obtenir l'*approbation* qui pou-

(1) Promulguée au *Journal officiel* du 5 avril 1898, p. 2089.

(2) Nulle association de plus de vingt personnes dont le but sera de se réunir tous les jours ou à certains jours marqués pour s'occuper d'objets religieux, littéraires, politiques ou autres ne pourra se former qu'avec l'agrément du Gouvernement et sous les conditions qu'il plaira à l'autorité publique d'imposer à la Société.

vait être accordée, suspendue ou retirée suivant le bon plaisir du Ministre de l'Intérieur et de ses préfets. Art. 1, 7 et 16 du décret-loi organique du 26 mars 1852.

Malgré cette réglementation étroite qui témoignait de la suspicion dans laquelle le Gouvernement impérial tenait les Sociétés mutuelles, elles se sont rapidement développées et elles sont arrivées aujourd'hui à un merveilleux développement. Mais, cette progression croissante doit être attribuée au régime de tolérance sous lequel elles ont vécu depuis la troisième République. Cet apprentissage de la liberté, plus ou moins encouragé et favorisé, suivant les milieux et suivant le plus ou moins de libéralisme des représentants de l'autorité chargés de surveiller l'application des lois, leur a permis de prendre un développement exceptionnel et de donner des preuves irrécusables de vitalité. Aussi, la nouvelle loi consacre-t-elle un état de choses existant déjà en dotant ces Sociétés d'une liberté pleine et entière.

Désormais, pour fonder une Société de Secours mutuels, il suffira de déposer à la sous-préfecture les statuts adoptés avec la liste des administrateurs, des fondateurs et de toutes les personnes admises à un titre quelconque à la gestion de la Société (1). Si, ensuite cette Société veut vivre sous le régime de l'approbation, — car les catégories anciennes de Sociétés sont maintenues par notre loi — elle le peut

(1) Art. 4 et 5 de la loi du 1er avril 1898.

et c'est toujours au Ministre de l'Intérieur qu'elle devra s'adresser. Mais il n'est plus libre dans son choix. Son refus doit être *motivé* et le seul motif sera la non conformité des statuts aux dispositions légales. De plus le Conseil d'Etat est juge en appel de ce refus.

La loi du 1er avril 1898 étend de la manière la plus heureuse le champ ouvert à l'activité des mutualistes. Elle stipule dans son art. 1er, qu'outre la maladie, la vieillesse, les funérailles et les secours à la famille, elles pourront « accessoirement créer au « profit de leurs membres des cours professionnels, « des offices gratuits de placement et accorder des « allocations en cas de chômage, à la condition qu'il « soit pourvu à ces trois ordres de dépense au mo- « yen de cotisations ou de recettes spéciales.

Voilà donc une grande latitude offerte à l'activité des mutualistes. Toutefois, à notre sens, et malgré la longue énumération de la loi, il nous semble que dans ce vaste domaine de la mutualité on devrait laisser une liberté complète à l'activité mutuelle.

Les combinaisons auxquelles peut recourir la prévoyance mutuelle sont innombrables et le législateur ne peut songer à les saisir toutes. Puisqu'on s'était rallié à la saine théorie qui consiste à placer en face de chaque risque une prime y correspondant, il fallait aller plus loin dans cette voie et faire comme le législateur italien dans la loi de 1886. Voici, en effet, comment il s'exprime dans l'article 2 : « Les Sociétés

« mutuelles pourront embrasser toutes les manifesta-
« tions de la prévoyance à condition de spécifier la
« dépense affectée à chaque nature de risque ».

Malgré cette critique, il faut convenir que la loi nouvelle étend très heureusement les attributions des Sociétés de Secours mutuels. De plus, elle consacre le principe des cotisations spéciales, véritable moyen pour ces Sociétés d'assurer les divers services dont elle vont se charger.

Pour bien faire comprendre l'importance de cette spécialisation des recettes et des dépenses, les nouveaux statuts-modèles divisent les recettes et les dépenses en deux catégories : 1° Les recettes et les dépenses normales ; 2° les recettes et les dépenses complémentaires.

Les recettes normales comprennent les cotisations des membres participants et les intérêts de ces cotisations.

Les dépenses normales comportent les secours en cas de maladie et les frais généraux, les retraites, les assurances au décès.

Les recettes complémentaires sont composées des droits d'admission des participants, des cotisations des membres honoraires, du produit des amendes, des dons et legs ; des subventions, du produit des fêtes.

Les dépenses complémentaires sont formées des allocations annuelles renouvelables aux participants infirmes ou incurables avant l'âge réglementaire de la retraite ; des secours exceptionnels en cas d'épidémie ou de maladies se prolongeant au delà de la limite réglementaire.

Ces recettes et ces dépenses devront être portées sur des comptes distincts.

Sous l'empire de la législation précédente, ces distinctions n'existaient pas; les anciens statuts-modèles ne prévoyaient qu'une catégorie de recettes et que deux genres de dépenses. Toutes les recettes allaient dans la même Caisse, sur laquelle on payait les dépenses de maladie et les frais généraux d'administration et l'on prélevait sur ces excédents les sommes nécessaires à la constitution des pensions de retraites.

La loi de 1898 permet aux Sociétés de Secours mutuels d'accorder des allocations en cas de chômage. A cela on objectait la charge lourde et indéfinie, imposée par là aux Sociétés ; elles pourraient se voir ainsi conduites à la ruine, car il est impossible de prévoir la durée et l'extension du chômage, notamment de celui qui résulte d'une grève. Puis, ce qui est plus grave, c'est qu'on ne peut le soumettre à aucune prévision, tandis qu'on peut prévoir, grâce aux statistiques et aux tables de maladie, ce que coûte par an chaque sociétaire à la Société. Si les tables sont bien faites, on demandera donc, au mutualiste, la cotisation correspondant exactement aux dépenses dont il grèvera la Société (1).

(1) En France l'assurance contre la maladie coûte 16 fr. par an. Réponse de M. Audiffred à M. Jourde (Barberet, p. 64).

Mais on craignait surtout l'excitation à la grève. On répondit que cette crainte n'était pas fondée, puisqu'à la différence des syndicats professionnels, les Sociétés de Secours mutuels réunissent des ouvriers des professions les plus diverses.

On craignait aussi la confusion des fonds dans les caisses des Sociétés, et que dans certains cas les ressources destinées au but fondamental, l'assurance contre la maladie et la vieillesse, ne servissent au but accessoire, le chômage par exemple. En ce sens, M. Guillemin déposa un amendement destiné à frapper de peines correctionnelles les administrateurs qui feraient ce virement. Cette motion fut écartée comme inutile, un tel fait devant constituer un abus de confiance déjà puni. Au reste, les Sociétés qui assurent contre le chômage sont assez nombreuses ; on en comptait, au 31 décembre 1895, 3,013 avec 543,476 membres et un avoir de 100 millions (2).

Ainsi donc, sous ce régime de liberté, les Sociétés pourront maintenant venir en aide aux membres participants, à leur famille, dans toutes les crises qui suppriment le salaire accoutumé, maladies, blessures, infirmités, vieillesse, chômage, soit en empruntant l'intermédiaire des établissements fondés par l'Etat, soit en opérant d'une manière directe et autonome. Elles ne seront plus contraintes d'assurer obligatoire-

(2) *Lois nouvelles*, 1re partie (*Revue de la législation*, 1er fév. 1900, p. 44)

ment des secours en cas de maladie et de fournir à des frais funéraires avant de constituer des retraites ou d'établir des assurances en cas de décès. En leur permettant de former des Unions, on leur donne du même coup la faculté précieuse de se spécialiser...

Ayant ainsi accordé aux Sociétés de Secours mutuels la double liberté de se fonder sans autorisation administrative et de se frayer une voie plus ou moins large dans la prévoyance, le législateur crut qu'il était nécessaire pour couronner son œuvre, en leur octroyant la personnalité civile (art. 13)[1], de leur donner une latitude aussi grande que possible dans le placement de leur fortune (art. 20).

La classification des Sociétés de Secours mutuels en 3 catégories distinctes, n'est pas modifiée. Mais le nom ancien de Sociétés *autorisées* est très heureusement remplacé par celui de Sociétés *libres*.

D'après l'article 3, l'accès des Sociétés se trouve maintenant ouvert de la façon la plus large aux femmes et aux enfants. Les membres honoraires atteints par les revers de fortune, peuvent devenir participants. Les Sociétés approuvées continuent à être dotées d'avantages financiers sous forme d'exemption d'impôts, de fournitures de locaux et d'imprimés et enfin de subventions annuelles.

(1) Art. 13 : Les Sociétés de Secours mutuels ayant satisfait aux prescriptions des articles précédents ont le droit d'ester en justice, tant en demandant qu'en défendant et peuvent obtenir l'assistance judiciaire aux conditions imposées par la loi du 22 janvier 1851.

L'art. 2 exclut de la mutualité les Sociétés dans lesquelles certains membres, généralement les fondateurs possèdent des avantages particuliers au détriment des autres sociétaires (1). L'équité la plus scrupuleuse doit être la base même du fonctionnement d'une association vraiment démocratique et fraternelle.

L'émancipation des Sociétés mutuelles nécessitait la création d'un organe spécial destiné à servir d'intermédiaire compétent et indépendant à la fois entre elles et l'autorité administrative. C'est le Conseil supérieur de la mutualité institué par décret de 1852. Il sera composé par moitié de présidents élus des Sociétés de Secours mutuels, moitié de membres de corps savants et diverses administrations dont le concours peut être utile à la mutualité.

Dans toutes ces parties, la loi nouvelle laisse percer l'intention du législateur d'affranchir la mutualité d'une tutelle surannée. Ainsi, les Sociétés jouiront maintenant de la plus grande liberté dans le placement de leurs fonds. Cette liberté s'étend même aux Sociétés approuvées auxquelles le décret-loi du 26 mars 1852 ne laissait le choix qu'entre 3 catégories de placements : Caisse des dépôts et consignations, Caisse d'épargne et Caisse des retraites.

Désormais, ces 3 Caisses leur demeurent ouvertes.

(1) Cet article vise certaines sociétés qui n'ont rien de commun avec la mutualité et notamment : *Les Prévoyants de l'Avenir*, *La France Prévoyante*, *Le Grain de blé*.

Mais en outre, les Sociétés approuvées peuvent acheter des valeurs mobilières émises en garantie par l'État, des obligations communales ou départementales, des obligations du Crédit Foncier, sous condition de déposer ces valeurs à la Caisse des Dépôts et Consignations quand elles seront au porteur. Bien plus, si les placements hypothécaires ont été refusés aux Sociétés, les achats d'immeubles leur sont permis jusqu'à concurrence des 3/4 de leur avoir total (art. 20).

Sociétés libres. — Nous avons vu que la loi nouvelle maintenait les catégories antérieures de Sociétés de Secours mutuels. Quelle est donc la situation faite aux Sociétés autorisées ?

Jusqu'à présent, les Sociétés autorisées n'avaient joui d'aucun des avantages attachés à la personnalité civile : elles étaient considérées comme des réunions de personnes poursuivant un but utile, mais sans liens définitifs entre elles et pouvant être dissoutes par simple arrêté préfectoral.

Malgré tous les obstacles et privées volontairement des avantages que l'État mettait à leur disposition moyennant certaine surveillance de leurs opérations, elles ont surmonté toutes les difficultés « et se pré« sentent aujourd'hui fières à juste titre de leur œuvre « avec 3,000 Sociétés fonctionnant bien, 370,000 « sociétaires et un capital de 40 millions de francs » (1).

(1) Barberet, *op. cit.* (introd.), p. 27.

Aussi, la législation nouvelle leur est-elle plus favorable. Dorénavant, elles seront appelées Sociétés libres et elles pourront former entre elles des unions.

Outre la faculté de s'unir, le § 1er de l'art. 15 de la loi de 1898 leur reconnaît un certain droit de possession, limité aux objets mobiliers, puis de passer des baux avec des propriétaires d'immeubles pour y installer leur service d'administration.

Le § 2 de l'art. 15, leur permet, avec l'autorisation du préfet, de recevoir des dons et legs mobiliers, dont le montant n'est pas fixé. Les dons déclarés et les legs faits aux Sociétés autorisées se trouvaient caducs sous l'ancienne loi, ces associations n'étant pas alors aptes à recevoir.

Le § 5, de l'art. 15 complète la série des avantages reconnus aux Sociétés libres. S'il leur est interdit d'acquérir des immeubles, cette interdiction ne va pas néanmoins jusqu'à les empêcher de posséder ceux qu'elles affecteraient à leurs services. Il les autorise même à recevoir des dons et legs immobiliers, à la condition qu'elles les aliènent.

Elles ont, comme les Sociétés approuvées, le droit de contracter des assurances, soit en cas de décès, soit en cas d'accidents, aux Caisses d'assurances instituées par la loi du 11 juillet 1868 ; leurs rentes sont incessibles et insaisissables, jusqu'à concurrence de 360 fr., leurs capitaux assurés jusqu'à 3,000 fr. et d'après l'art. 13, elles ont le droit d'ester en justice et d'obtenir l'assistance judiciaire (1).

Mais comme par le passé, elles ne participent pas aux subventions que l'Etat réserve aux Sociétés approuvées.

Après avoir donné sommairement l'analyse de la nouvelle loi pour montrer les progrès réels accomplis, il faut nous étendre plus longuement sur la manière dont elle organise le service des pensions, et si nous avons le plaisir de voir entrer le législateur dans la voie du livret individuel, nous sommes obligés de constater le manque de cohésion et l'insuffisance finale des dispositions adoptées.

En vain nous dira-t-on que ces imperfections n'ont pas échappé aux auteurs de la loi, et que c'est pour éviter de perpétuels va et vient entre les deux Chambres que les députés se sont résignés à leur grand regret à voter un texte qui ne satisfaisait pas leurs désirs. Quoi qu'il en soit, les dispositions relatives aux pensions de retraite sont insuffisantes et les réclamations des intéressés n'ont pas tardé à se produire aussitôt la promulgation de la loi. Dans ce chapitre nous voulons seulement analyser le texte de loi et ce n'est que dans un chapitre spécial en comparant les deux sys-

(1) Ces divers droits sont reconnus aux Sociétés par les art. 9, 12 et 13. Bien que ces articles ne soient pas compris dans le chapitre spécial aux sociétés libres, ils s'appliquent néanmoins à ces Sociétés car ils sont placés dans les dispositions communes à toutes les Sociétés.

tèmes aujourd'hui en vigueur pour le service des retraites que nous formulerons notre opinion.

Pensions de retraite. — L'article 4 du décret du 26 avril 1856 autorisait les Sociétés approuvées à aliéner leur capital de pension au profit des sociétaires. Mais il réservait la portion de ce capital accordée par l'État ; elle demeurait inaliénable (1).

L'article 22 de la loi du 1er avril 1898 consacre formellement le droit, pour les Sociétés de Secours mutuels, de liquider leurs pensions sur des livrets individuels, en stipulant que les pensions peuvent être constituées aussi bien sur le fonds commun que sur le livret individuel, qui appartient en toute propriété à son titulaire, à capital aliéné ou réservé.

La loi consacre ainsi, parallèlement au fonds commun, le livret individuel.

Malgré les vives critiques dirigées contre le fonds commun inaliénable créé par le décret de 1856 (2), le législateur de 1898 n'a pas cru possible de le supprimer.

Les mutualistes tiennent beaucoup à l'existence de ces fonds. En très grande majorité, ils les considèrent

(1) Nous avons vu précédemment le sens que donnait à cette disposition du décret la Commission supérieure des Sociétés de Secours mutuels.

(2) Avec le système du fonds commun on voyait bien la fortune de la mutualité s'augmenter sans cesse, mais les pensions restaient néanmoins à un chiffre dérisoire : en même temps sous ce régime le sociétaire n'avait jamais un droit acquis à la pension, il n'était que candidat et l'obtention de secours dépendait des ressources financières de la Société et du nombre des candidats.

comme un *lien* nécessaire entre les participants et les Sociétés. D'ailleurs, la plupart des Sociétés possédaient déjà un véritable fonds social inaliénable, sous forme de fonds de retraite. Il eût été bien difficile de donner à ces capitaux considérables une nouvelle destination. Aussi la loi nouvelle, tout en maintenant pour le passé l'existence du fonds commun, le déclare facultatif pour l'avenir : « J'ai fait observer déjà, dit M. Audifred, lors de la discussion à la Chambre des Députés, « que de ce que la loi nouvelle déclare que le fonds « commun ne pourra être supprimé, cela ne veut pas « dire qu'on ne pourra le retirer de la Caisse des « Dépôts et Consignations (1), cela veut dire que ce « fonds commun, résultat d'épargnes accumulées par « une série de générations, ne pourra pas être détruit, « absorbé uniquement au profit de la génération qui « fait actuellement partie de la Société de Secours « mutuels.

« La Société de Secours mutuels est un corps qui a « une durée plus longue que celle des personnes qui « en font momentanément partie ; c'est dans son intérêt « qu'il doit être conservé.

« Le fonds commun c'est tout ce qui a été accumulé « par les Sociétés de Secours mutuels, tout ce qui « existe au jour où nous légiferons sur ces Sociétés. « Dès lors que le fonds commun a été jusqu'à ce

(1) Discours de M. Audiffred à la Chambre des députés, en réponse à une observation de MM. Le Chevallier et Sibille (Barberet, *op. cit.*).

« jour déclaré inaliénable de par la loi, il ne doit pas « être permis de l'aliéner, il doit être maintenu, « conservé à la Société ».

Il paraissait donc impossible de faire autre chose que d'organiser à côté du fonds commun le livret individuel et de permettre pour l'avenir aux Sociétés mutuelles de se décider selon les avantages pratiques des deux systèmes.

Les pensions alimentées par le fonds commun seront constituées à capital réservé pour la Société. Il ne pouvait en être autrement puisqu'il s'agit de fonds inaliénables et qu'au décès du pensionnaire le capital doit faire retour à la Société pour servir à constituer de nouvelles pensions au profit de nouveaux retraités. Ces pensions seront servies par l'intermédiaire de la Caisse nationale des Retraites ou par l'intermédiaire de la Société à l'aide de l'intérêt de ces fonds.

Cet article fait apparaître une légère confusion. Bien que nous proposions dans un chapitre spécial en étudiant d'une manière plus approfondie les deux systèmes, de faire ressortir leurs avantages et leurs inconvénients, nous ne pouvons passer sous silence la critique que soulève cet article. Quelles sont en effet, les ressources destinées à alimenter le fonds commun? Ce sont :

1° Les cotisations des membres participants;

2° Les dons de diverse nature.

La première de ces sources devrait alimenter uniquement des pensions fixes et déterminées. car la portion du fonds commun qu'elle engendre « constitue « le capital de l'institution de prévoyance (1), c'est la « réserve des pensions *dues* aux participants. Elle est « essentiellement aliénable ».

La deuxième source forme le capital de *l'œuvre* d'assistance destinée à fournir des allocations d'un caractère variable et aléatoire. Elle peut donc être déclarée inaliénable, bien qu'il puisse paraître étrange d'accumuler en vue de l'avenir des subventions et des cotisations qui se reproduiront sans doute d'année en année jusqu'à la fin de la Société.

Il est vrai que l'article 25 autorise les Sociétés qui ne voudront pas prendre l'engagement de servir des pensions de retraites garanties et dont la quotité est fixée d'avance par les statuts, à distribuer à leurs membres des allocations dont le montant devra être fixé par l'assemblée générale, d'après les ressources de la Société et dont les titulaires seront désignés par elle parmi les membres âgés de plus de cinquante ans et ayant acquitté les cotisations au moins pendant 15 ans.

Et le service de ces allocations annuelles s'effectuera à l'aide des arrérages du fonds commun inaliénable. Cela est très bien, mais la loi autorise concurremment les pensions définitives sans se préoccuper de la ma-

(1) L. Marie, *Revue de la Prévoyance et de la Mutualité*, 1898.

nière dont ces pensions seront constituées (1). « C'est « là que se trouve la fissure par laquelle continueront « à passer tous les anciens abus » (2).

Il aurait fallu déclarer nettement que les fonds extraordinaires — aliénables ou non peu importe — devraient être uniquement employés au paiement des allocations annuelles, tandis que les fonds ordinaires, cotisations des membres participants, devraient uniquement aussi constituer des pensions fixes et déterminées. Ayant dans sa caisse une prime ferme correspondant au risque à couvrir, les Sociétés auraient pu tenir des engagements fermes. « Faute d'avoir établi « cette distinction logique et nécessaire, le législateur « a légiféré uniquement dans le vide » (3).

Pour bénéficier de ces pensions servies sur le fonds commun, les membres participants doivent être âgés d'au moins cinquante ans, et avoir acquitté la cotisation sociale pendant 15 ans au moins, et remplir les conditions statutaires fixées pour la pension (art. 21, p. 2).

Cette disposition est excellente, et les Sociétés feront bien de ne pas donner leurs pensions aussitôt que le minimum d'âge fixé par la loi sera atteint. Il est utile d'appeler l'attention des mutualistes sur ce fait qu'en retardant l'âge de l'entrée en jouissance des retraites, on peut

(1) Car la révision quinquennale instituée par notre loi sera dans bien des cas insuffisante pour se rendre compte de la marche assurée des Sociétés.

(2) L. Marie, *op. cit.*

(3) Marie, *Revue de la Prévoyance et de la Mutualité*, 1898.

en accroître le montant dans une forte proportion, sans augmenter chaque année les sacrifices imposés aux participants. Il suffit, pour s'en rendre compte, de consulter le tarif de la Caisse Nationale des Retraites. On y verra ainsi qu'une cotisation annuelle de 10 fr. produit à capital aliéné les rentes ci-dessous, suivant les cas.

AGE DE LA RETRAITE	DURÉE DU SOCIÉTARIAT							
	15 ANS	20 ANS	25 ANS	30 ANS	35 ANS	40 ANS	45 ANS	50 ANS
45 ans.........	14f 52	21f 48	30f 08	»f »	»f »	»f »	»f »	»f »
50 ans.........	16 36	24 26	34 »	46 04	» »	» »	» »	» »
55 ans.........	19 02	28 33	39 84	54 04	71 59	» »	» »	» »
60 ans.........	22 95	34 48	48 80	66 49	88 32	115 31	» »	» »
65 ans.........	29 16	44 45	63 58	87 32	116 66	152 85	197 60	» »
70 ans.........	» »	62 22	90 53	125 94	169 91	224 34	291 27	374 14

Ainsi, dans une Société, où les membres participants versent une cotisation de 10 fr. par an pour la retraite, la rente acquise par ces membres admis à l'âge de 25 ans peut varier de 21 fr. 48 à 291 fr. 27, c'est-à-dire dans les proportions de 1 à 14, quand l'âge d'entrée en jouissance est porté de 45 ans à 70 ans (1).

Pour terminer l'analyse de la loi du 1er avril 1898, il nous reste à étudier dans quelle mesure la loi nouvelle permet le fonctionnement des Sociétés d'étrangers et la manière de liquidation et de dissolution des Sociétés en général.

(1) Tableau et chiffres empruntés au rapport Lourties.

Avant la promulgation de la loi du 1er avril 1898, les administrateurs des Sociétés de Secours mutuels constituées entre étrangers devaient être Français. Le § 4 autorise par exception ces Sociétés à se faire administrer par leurs membres. Toutefois, il y aura lieu de s'assurer si leurs chefs résident bien dans la localité où est établi leur siège social et s'ils sont régulièrement affiliés. Cette précaution est nécessaire pour éviter les inconvénients qui peuvent résulter d'une surveillance insuffisante.

L'art. 11 de la loi organise la dissolution des Sociétés de Secours mutuels et consacre un principe nouveau en cette matière. Sous l'ancienne législation, c'était les préfets qui avaient plein pouvoir pour dissoudre ces associations et maintes fois on avait pu se rendre compte des dangers que présentait l'abandon de ces droits entre les mains du pouvoir exécutif. Les cas de dissolution n'étant pas délimités, les préfets avaient la haute main pour dissoudre ces Sociétés sous les motifs les plus futiles (1).

L'art. 11 de la loi du 1er avril 1898 établit la différence qui existe entre la dissolution volontaire d'une Société et la dissolution par voie judiciaire. Les mêmes procédés ne peuvent servir aux deux genres d'opérations. Tandis que le paragraphe 1, relatif au

(1) On avait vu un préfet dissoudre une Société de Secours mutuels dont les membres avaient suivi le corps d'un camarade enterré civilement (Exemple emprunté au livre de M. Serullaz).

premier genre, fait dissoudre la Société par l'assemblée générale convoquée spécialement à cet effet et par une majorité des deux tiers présents ou par la majorité des membres inscrits, le paragraphe 2, qui porte sur le second genre, dit que le tribunal désigne dans son jugement un administrateur chargé de la liquidation définitive de la Société dissoute (1).

La législation antérieure ne permettait pas aux Sociétés approuvées de se dissoudre elles-mêmes. Selon l'art. 15 du décret du 26 mars 1852, elles devraient préalablement obtenir l'approbation du préfet. La loi du 1er avril 1898, tout en réglementant les préliminaires de cet acte, les laisse libre ensuite de l'effectuer.

Telles sont les dispositions principales de la loi du 1er avril 1898 : elles constituent la charte de la mutualité française.

L'élan qu'elle a donné au principe mutualiste est déjà très appréciable. Pour bénéficier des avantages qu'elle concède, beaucoup de Sociétés libres ont demandé l'approbation et de nouvelles Sociétés se sont constituées sur tous les points du territoire (2).

(1) Si une Société de Secours mutuels est détournée de son but, si trois mois après un avertissement donné par arrêté du préfet du département, cette Société persiste à ne pas se conformer aux dispositions de la présente loi ou aux dispositions de ses statuts, la dissolution pourra en être prononcée par le Tribunal civil de l'arrondissement (art. 10, § 2).

(2) Bien que les états statistiques pour 1898 ne soient pas parvenus au Ministère de l'Intérieur, on peut estimer par les avis de constitution qu'il reçoit à 100,000 nouveaux adhérents l'augmentation du contingent de la mutualité pendant cette année (BARBERET, *op. cit.*).

Mais, malgré les progrès réels accomplis, son utilité est considérablement diminuée, parce que, en ce qui concerne la réforme du régime des pensions viagères servies par les Sociétés de Secours mutuels, elle n'a pas su consacrer les données que les progrès de la technique des assurances lui fournissaient.

CHAPITRE III

LES DEUX SYSTÈMES DE RETRAITES. — LE LIVRET INDIVIDUEL. — LE FONDS COMMUN

Dans le chapitre précédent, commentant la nouvelle législation des Sociétés de Secours mutuels, nous avons fait remarquer combien rapide et peu satisfaisante avait été l'élaboration des articles relatifs aux pensions de retraite.

La loi nouvelle dispose dans son article 22 que les pensions de retraite pourront être constituées soit sur le fonds commun, soit sur le livret individuel. C'est justement sur les avantages et les inconvénients de ces deux modes de pensions que la lutte s'était engagée dans les Chambres et dans les congrès, et faute de s'unir sur le choix du meilleur système, les législateurs ont consacré des solutions mauvaises. Les partisans de chaque système défendent résolument leur choix et il ne semble pas que l'entente soit sur le point de se faire entre eux.

Nous allons rappeler brièvement la genèse et les applications de ces deux modes différents et nous étudierons les avantages et les inconvénients qu'ils peuvent présenter, décidés à nous rallier à celui qui offrira le plus de sûreté au point de vue scientifique.

§ Ier. — Le système du Fonds collectif.

Le décret-loi du 26 mars 1852 permettant, dans les conditions que l'on sait (1), aux Sociétés de Secours mutuels de consentir des retraites, ne prévoyait leur formation qu'au moyen de dépôts effectués directement par elles à la Caisse nationale des Retraites, au nom de leurs membres participants et sur des livrets à eux personnels.

Ce système dura jusqu'en 1856 et le décret du 26 avril de la même année changea complètement le mode d'établissement des pensions. En vertu de ce décret, les Sociétés reconnues et approuvées étaient autorisées à se faire ouvrir à la Caisse des Dépôts et Consignations, sous le nom de Fonds commun de Retraite, un compte spécial destiné à fournir des rentes viagères à leurs sociétaires âgés.

Les éléments de ce compte étaient :

1° Les sommes que les Sociétés consacrent sur leurs ressources à cette fin, mais qui ne doivent provenir que de leurs excédents libres, après qu'elles ont pourvu au paiement des frais et des indemnités de maladie.

(1) Les Sociétés de Secours mutuels approuvées étaient autorisées à servir des pensions de retraites quand elles comptaient un nombre *suffisant* de membres honoraires (art. 6).

2° Les dons et legs qui leur sont faits avec cette désignation particulière ;

3° Les subventions de l'État.

Ainsi formé, les sommes portées à ce compte, a la différence de ce qui a lieu pour les fonds libres des Sociétés approuvées, déposées également à la Caisse des Dépôts et Consignations conformément à l'art. 13 du décret du 26 mars 1852, ne peuvent plus être retirées ni en totalité ni en partie et subissent une affectation absolue qui est la création des pensions viagères.

Ces pensions sont délivrées par l'assemblée générale à des sociétaires ayant au moins 50 ans d'âge et ayant acquitté la cotisation sociale pendant une durée minimum de 10 ans. Les choix de l'assemblée sont soumis à la ratification de la Commission supérieure d'encouragement et de surveillance des Sociétés de Secours mutuels, instituée près du Ministère de l'Intérieur.

Cette formalité accomplie, on prend sur le fonds commun la somme nécessaire d'après les tarifs de la Caisse nationale des Retraites pour la constitution des pensions votées, et ces sommes sont versées à ladite Caisse qui demeure dès lors chargée du service de la pension. Au décès des retraités, ces sommes font retour au fonds commun et servent à constituer de nouvelles pensions.

Bien que l'art. 4 du décret de 1856 ne frappe d'inaliénabilité que la portion de ce fonds fourni par l'Etat, il est constant d'étendre cette inaliénabilité à tous les capitaux, qu'ils proviennent de ressources sociales ou non (1).

Tel est le fonds commun inaliénable, tel qu'il a été institué par le décret du 26 avril 1856.

Quels sont donc les avantages et les inconvénients de ce système, et l'excellence de sa pratique justifie-t-elle la chaleur de ses partisans à le défendre.

Tout d'abord, il y a un point incontestable, c'est que par l'appât des subventions auxquelles il donne droit (2), il a entraîné beaucoup de Sociétés à demander l'approbation et a contribué à développer parmi les mutualistes le goût de l'assurance contre la vieillesse.

Puis il a le mérite de rassurer les plus timides, car, avec ce système, les aventures ne sont pas possibles, et si les pensions qu'il a pu donner jusqu'à ce jour ont été d'une quotité bien faible (3), le capital du fonds spécial de retraite s'est accru considérablement et forme une sérieuse garantie pour l'avenir. Au reste, il sera longtemps encore pratiqué, car il ne semble pas que les Sociétés de Secours mutuels veuillent se mettre résolument à appliquer les principes de l'assurance.

Les mutualistes tiennent beaucoup à l'existence de

(1) Circulaire de la Commission supérieure des Sociétés de Secours mutuels (déjà citée).

(2) Art. 1 du décret du 26 avril 1856.

(3) 60 fr. en moyenne, d'après une statistique de 1886.

ces fonds. En très grande majorité, ils les considèrent comme un *lien nécessaire* entre les participants et les Sociétés. Ils prétendent que du jour où on aurait brisé ce lien, l'égoïsme s'installerait en maître dans les Sociétés et qu'on aurait transformé des associations fraternelles en de véritables compagnies d'assurances.

Combien plus vivifiant et plus moral est, d'après eux, le principe d'une association possédant un vaste patrimoine en commun et où tous les associés sont intéressés à l'administration et à l'accroissement de ces fonds.

Qu'on considère l'importance des sommes que des Sociétés approuvées sont, par ce moyen, parvenues à réunir ! Elles atteignaient au 31 décembre 1894, un total de 109,333,000 fr., et ce capital s'accroît dans une proportion telle que d'après M. Vermont (1), un des chauds partisans de ce système, il suffirait que cette progression continuât pour arriver vers 1906 à un capital de 600 millions. Au lieu de cela, avec le livret individuel, que resterait-il de cette magnifique fortune qui est comme le gage et la sécurité de l'avenir !

« Et du reste quels avantages retirerait-on de ce « fameux livret individuel ? Dans quelle mesure viendrait-il soulager nos vieux jours ? Partageons-nous, « nous 956,621 adhérents des Sociétés de Secours « mutuels les 20,055,758 fr. 95 qui forment notre

(1) Discours de M. Vermont au Congrès de la Mutualité de Bordeaux, 1894.

« actif à la Caisse des Retraites et notre fortune individuelle se sera accrue de 30 fr. 37, doublons cette « somme, triplons là même, pour ceux arrivés à l'âge « de la pension, prenons comme date de versement « l'époque la plus favorable, 30 ans par exemple, et « nous aurons assurés à nos invalides du travail, « 85 fr. 75 par an.

« Pour obtenir ce magnifique résultat, nous aurons « fermé l'avenir à notre œuvre, nous aurons annihilé « la force qui réside dans l'association, nous aurons « vécu pour nous, et les générations futures ne « conserveront de notre passage dans ce monde que « le souvenir de notre égoïsme » (1).

Le fonds de retraite doit être frappé d'inaliénabilité. Il doit rester la propriété de l'institution. Après avoir bénéficié des avantages qu'il offre, les générations doivent le léguer en patrimoine à leurs descendants, car « la Société de Secours mutuels est un « corps qui a une durée plus longue que celle des « personnes qui en font momentanément partie ; c'est « dans son intérêt que ce fonds a été constitué, c'est « dans son intérêt qu'il doit être conservé (2).

Les partisans du fonds commun ajoutent que les pensions de retraite des mutualistes, au moyen du livret individuel, sont irréalisables, parce que la cotisation des membres participants est à peu près absor-

(1) MATRAT, *Revue de la Prévoyance et de la Mutualité*, 1887.
(2) AUDIFFRED, *op. cit.*

bée par les dépenses qu'ils nécessitent. La moyenne de cette cotisation étant de 18 fr. par an et la moyenne des dépenses de chaque sociétaire, y compris les frais généraux de gestion, atteignant environ la même somme, on peut se demander avec quelles ressources on constituerait le capital de retraite sur le livret individuel. Il serait téméraire de compter sur les cotisations des membres honoraires. S'ils font des dons à une Société, c'est à cause du caractère *moral*, *collectif* et *perpétuel* de la Société, et ils n'ont aucune raison de se montrer bienfaisants vis-à-vis des individus isolés. Il faut en dire autant des dons et des legs. Les auteurs de ces libéralités feront sans doute le même raisonnement que les membres honoraires, car ils testent en faveur de la Société, et non en faveur d'individus qui déposséderaient la collectivité à leur décès.

En d'autres termes, si les membres honoraires bienfaiteurs ou futurs testateurs n'avaient pas la certitude que la possession de leurs cotisations, dons et legs serait assurée indéfiniment à la Société, ils cesseraient d'apporter leur concours.

Quant aux subventions gouvernementales, il paraît difficile de les faire contribuer au développement des livrets individuels.

Les partisans du fonds commun font encore observer que les mêmes capitaux peuvent servir indéfiniment à un nombre indéterminé de pensions successives, car ils sont indéfiniment reversibles dans la caisse sociale.

En d'autres termes, le même capital peut à tour de rôles constituer un nombre illimité de pensions.

Ils ajoutent qu'une fois sortie de la Caisse sociale et inscrite sur le livret du sociétaire, la somme versée en son nom ne pourrait que bien difficilement faire retour à la Société, qui trop souvent perdrait la trace des membres nomades qu'aucun lien ne lui attacherait plus.

Telles sont les principales considérations que font valoir en sa faveur les partisans du fonds collectif.

Toutefois, si les arguments qu'ils font valoir ne sont pas sans valeur, il faut reconnaître que leur point de départ est absolument faux et que, par suite, ils raisonnent dans le vide, car le principal reproche qu'ils font au livret individuel, c'est de détruire les ressources de la Société, c'est-à-dire que par ce moyen on ne pourrait consentir que des pensions à capital aliéné.

Mais le livret individuel n'a aucun rapport avec la question bien autrement grave du capital aliéné et du capital réservé ; il n'a aucun rapport avec la conservation ou la destruction des capitaux que la Société possède, soit que ces capitaux soient fournis par les parties, soit qu'ils aient en totalité ou en partie une origine extra-sociale. Tout ce qu'une Société de Secours mutuels peut faire avec le fonds collectif, elle peut le faire sur le livret individuel et réciproquement.

A considérer, en effet, les choses indépendamment des lois qui régissent les Sociétés mutuelles, elles peuvent acheter sur un fonds collectif des pensions viagères à capital aliéné ou à capital réservé ; de même, elles peuvent verser sur des livrets individuels à capital aliéné ou à capital réservé et, dans les deux cas, le capital s'il est réservé, peut l'être en faveur des héritiers du défunt ou en faveur de la Société elle-même.

Tout est donc pareil dans les deux systèmes et ce n'est pas le mode particulier de comptabilité, ce sont les lois et les statuts qui, en imposant aux Sociétés des méthodes bonnes ou mauvaises, peuvent protéger ou compromettre leurs capitaux.

§ II. — Le système du Livret individuel.

Quels avantages présente maintenant le livret individuel et à quels besoins répond-il ? Et d'abord qu'est-ce que le système du livret individuel ? Dans ce système, le fonds collectif partiel des retraites est confié, non plus à la Caisse des Dépôts et Consignations, mais à la Caisse des Retraites et celle-ci se charge, non seulement de le faire valoir comme faisait la première, mais encore d'en faire elle-même la répartition entre les participants de la Société et d'attribuer à chacun la pension viagère à laquelle il a droit. Pour cet objet, la Caisse des Retraites verse les sommes reçues à son propre fonds collectif, pour les placer ensuite, comme elle l'entend, en se conformant à la loi et sous la garantie de l'État ; puis elle ouvre à chacun de ses nouveaux clients un compte particulier sur ses livres et remet à chacun d'eux un relevé de son compte personnel. Ce relevé de compte mis entre les mains du membre participant, conservé par celui-ci et cependant constamment tenu à jour, c'est le *livret individuel.*

Tout d'abord, le livret individuel constitue aux yeux du titulaire un *droit certain.* Il forme à son profit un titre sur l'Etat que rien ne peut détruire. C'est donc la meilleure garantie qu'on puisse offrir au sociétaire qui, une fois en possession de son livret, n'a plus à redouter les éventualités ni d'une radiation ni d'une modification des statuts, ni d'une déconfiture sociale.

Le livret individuel présente encore cet avantage qu'il sert à la fois d'*exemple* et de *stimulant* pour le titulaire, puisqu'il lui permet d'augmenter l'importance de sa pension de retraite au moyen de versements individuels sachant que ses moindres économies trouveront là un placement fructueux.

Il a la *certitude* d'obtenir une pension sur ses vieux jours, alors même qu'il ne tomberait pas dans la misère, et c'est pour lui un encouragement et un stimulant bien plus puissant que si vous ne lui présentez cet avantage seulement s'il est sans autres ressources après une vie laborieuse. « Le droit acquis « sera ainsi bien plus noble que le droit facultatif et

« il évitera d'ailleurs toutes les jalousies et toutes les « rivalités » (1).

Mais l'inconvénient principal du fonds collectif c'est d'entretenir parmi les membres des Sociétés de Secours mutuels de décevantes illusions. « Parce que le fonds « de retraite de la Société à laquelle ils appartiennent « est riche de quelques dizaines, même de quelques « centaines de mille francs, écrit M. Fontaine, les « membres participants s'imaginent qu'ils ont une « fortune considérable et qu'il ne leur est pas néces- « saire de tendre plus énergiquement les efforts qu'ils « font dans le but d'assurer leurs vieux jours. Ils « penseraient autrement si la Société établissait la « part de chacun dans l'avoir social, en tenant compte « soit du nombre des années de participation seule- « ment, soit de l'âge d'admission, des chances de « survie favorables courues depuis ce moment et de « la part moyenne de chacun dans les versements « périodiques au fonds de retraite » (2).

Le livret indique, au contraire, au sociétaire à chaque instant la part qui lui revient dans cette immense fortune, et il l'avertit également que pour augmenter sa pension de retraite, il doit proportionner ses versements à son ambition.

Puis, le fonds commun, c'est la forme primitive de

(1) Laurent, *op. cit.*

(2) Rapport fait au nom du jury de l'Exposition internationale de 1889 (*Op. cit.*, p 96).

la propriété : la marche du progrès doit fatalement lui substituer la forme plus avancée de la propriété personnelle avec le livret individuel. Les mutualistes se désintéressent facilement de cette sorte de patrimoine impersonnel qui parait n'appartenir à personne puisqu'il appartient à tous et auquel chaque sociétaire ne voit pas d'intérêt immédiat à son développement. N'y a-t-il pas là une cause de malaise de bien des Sociétés qui se débattent contre les dépenses excessives que certains de leurs membres n'hésitent pas à leur imposer ?

Cette tendance à exploiter les Sociétés ne provient-elle pas, en partie du moins, de l'indifférence des sociétaires à la surveillance du fonds commun et n'en sera-t-il pas tout autrement quand à chaque inventaire annuel chaque sociétaire recevra effectivement à son compte personnel le dividende qu'aura produit la gestion de l'année? Alors chaque sociétaire sentant que c'est de sa chose qu'il s'agit, apportera à la gestion des affaires sociales une attention et un souci de ses intérêts qu'on ne rencontre guère aujourd'hui.

Les partisans du fonds commun font ressortir les avantages moraux de ce système qui établit un lien entre les générations et qui fait plus belle la situation des générations suivantes. Certes, il est bon qu'un lien existe d'une génération à une autre, que la chaîne subsiste ininterrompue entre le père et le fils; mais on ne peut faire de la mutualité entre personnes vivant à plusieurs siècles d'intervalles et qui n'auraient par conséquent ni les mêmes sacrifices à supporter, ni les mêmes avantages à recueillir.

C'est donc sortir de la mutualité que demander à des sociétaires de verser des sommes pour n'en toucher que le simple revenu, en abandonnant le capital pour les générations à venir (1). C'est de la générosité, du sacrifice, mais ce n'est pas de la mutualité. Il naît de cette situation, en outre, une certaine spéculation qui grandit avec le temps et l'accumulation des capitaux. Celà est si vrai que pour recruter de nouveaux membres, on ne manque jamais de faire ressortir les avantages exceptionnels que le capital existant assure déjà et c'est là ce qui détermine le plus souvent les adhésions.

Il peut exister aussi de réels dangers dans l'accumulation incessante de capitaux dont les revenus seuls sont employés. En effet, si l'espérance, l'idéal d'un grand nombre de mutualistes aspirant au développement illimité du fonds commun se réalisait dans toutes les Sociétés, quelle serait la situation dans un temps éloigné ? Quels capitaux immenses seraient accumulés et quelle absorption n'auraient-ils pas produite. « Quelles idées de *main mise* sur ces fonds

(1) « Trouvez-vous juste, disait Léon Say à la Tribune du Sénat, que « ceux qui font péniblement des économies pour s'assurer une rente pour « leurs vieux jours, augmentent encore leurs efforts, paient des cotisations « plus élevées et mettent de côté une épargne supplémentaire pour cons- « tituer un capital au profit de la génération future ».

« ne feraient-ils pas naître s'ils sont réunis dans une « caisse ? Quels moyens d'exclusion n'emploierait-on « pas pour se réserver les avantages. Quelles pensées « de partager ne provoqueraient-ils pas ? On voudra « tuer la poule aux œufs d'or ? » (1).

En cette matière comme en toute autre, il est indispensable, si l'on veut créer des œuvres prospères et durables, de ne pas sacrifier ceux-ci pour ceux-là. Il est de haute moralité que chacun reçoive la récompense de ses efforts et qu'aucun ne retire des profits exagérés, sans peines et sans sacrifices apparents, ne vive en un mot du passé.

Le dernier argument, de moralité pour ainsi dire invoqué par les partisans du fonds collectif consiste à représenter les dangers que feraient courir à la mutualité l'adoption du livret individuel. L'esprit de sacrifice et de fraternité qui est la base et la moralité à ces Sociétés, disparaîtra. Il serait dangereux d'introduire les conceptions abstraites de la science dans le fonctionnement de ces Sociétés. Le jour où vous aurez assuré l'exécution scrupuleuse des clauses du contrat en faveur de tous les contractants, vous aurez transformé en une simple tontine cette œuvre de moralité et de solidarité qu'on appelle une association mutuelle. Avec cette affirmation des individualités et le détachement inévitable qui doit en résulter rien ne retiendra plus le

(1) MATRAT, *Revue de la Prévoyance et de la Mutualité*, 1887.

sociétaire dans une union salutaire lorsque chacun d'eux obtiendra directement tous les avantages auxquels il peut prétendre.

On a raison de soutenir que l'essence de la mutualité, c'est le dévouement, la solidarité fraternelle : personne n'a jamais songé à le nier; mais les Sociétés prennent vis-à-vis de leurs membres et en échange de leurs cotisations, des engagements qui constituent un véritable contrat. Ce sont de vraies assurances mutuelles contre tel ou tel risque. Il faut donc que le sociétaire, c'est-à-dire l'assuré, ait la certitude morale qu'il sera toujours efficacement soutenu contre les éventualités qu'il a prévues. Il est donc de la plus haute moralité, au contraire, de prendre les précautions nécessaires, de savoir calculer et de déterminer exactement le chiffre des cotisations que les Sociétés doivent exiger de leurs membres pour pouvoir garantir les avantages qu'elles leur promettent. Il n'y a donc pas d'incompatibilité entre l'organisation scientifique des sociétés et leur organisation fraternelle. « C'est, au contraire, le propre du vrai « progrès, que la science et le dévouement remplaçant par une indissoluble alliance, et la sentimentalité creuse et le calcul aride. En quoi le sociétaire, « mathématiquement garanti au point de vue des « avantages matériels, sera-t-il inférieur, sous le rapport moral, au sociétaire qui aurait pris des engagements vis-à-vis d'une Société inhabile elle-même « à en prendre de sérieux. Le contact journalier et

« sympathique n'en existe-t-il pas moins ? Le lien « d'affection en sera-t-il lesé ? L'honneur de chacun « en sera-t-il moins l'honneur de tous ? En assurant à « la mutualité, stabilité et avenir, ne corrobore-t-on « pas, au contraire, tous les bons sentiments auxquels « elle donne naissance ? (1).

En un mot et pour nous résumer, l'accident prévu doit être garanti. Au risque doit correspondre l'assurance, c'est-à-dire la solidarité rigoureuse de tous devant le malheur d'un seul. Dans les seules combinaisons de l'assurance se trouvera le secours régulier, fécond et vraiment digne pour l'homme prévoyant.

Théoriquement, le fonds collectif ne parait donc pas nous offrir de sérieuses garanties.

Mais si nous nous reportons maintenant aux faits et que nous constations les résultats donnés par ce système, nous aurons beau jeu pour le condamner. Les résultats sont des plus médiocres. Sur 37,705 pensions que les Sociétés mutuelles ont servies par exemple en 1893 au moyen du fonds commun, 26,411 étaient inférieures à 100 fr. et 2,452 seulement supérieures à 150 fr. Leur moyenne s'élevait à 73 fr. sensiblement analogue à celle des années précédentes. Comment veut-on qu'avec de pareils arrérages, un homme puisse subvenir même à ses plus élémentaires besoins ?

Et quand on pense que pour arriver à ce minime

(1) Laurent, *op. cit.*

résultat, les Sociétés se sont imposé les plus grands sacrifices et que l'État s'est ruiné en subventions, n'est-on pas en droit de se demander si cette organisation n'est pas vicieuse et si le système du fonds commun n'est pas à jamais condamné?

A vrai dire et à examiner les choses d'un peu près, il n'y a rien de très surprenant dans cette inefficacité de leur action. Il est, en effet, parfaitement établi, aujourd'hui, que si on ne fait pas reposer la constitution des pensions viagères sur des recettes positives, on aboutit fatalement à se laisser remorquer par les événements au lieu de les conduire. Or, le système actuel du fonds commun ne remplissant pas cette condition, c'est ce qui, dès maintenant, se produit pour la plupart des Sociétés mutuelles qui l'ont adopté. Dans la très grande majorité d'entre elles, les dépenses occasionnées par les maladies et les frais de gestion absorbent le total des cotisations des membres actifs. Restent alors pour la formation de leurs fonds de retraite, des rentrées éminemment aléatoires, telles que subventions des membres honoraires, dons et legs, produits de fêtes, etc., plus les quelques économies qu'elles parviennent quelquefois à faire sur les autres cotisations. Comment songer avec des capitaux aussi variables à délivrer de véritables rentes de vieillesse, c'est-à-dire des annuités viagères fixes et suffisantes pour aider à la subsistance d'un individu. Au début, évidemment, cela peut paraître facile, le fonds commun s'accroissant rapidement de tous les versements qu'il reçoit et de ses propres intérêts qui se trouvent sans destination, tant que le sociétaire est trop jeune pour avoir à se servir des pensions. Aussi, quand les premiers participants arrivent en âge d'être retraités, comme ils sont peu nombreux et que les sommes destinées aux pensions sont abondantes, on est tout porté à se montrer généreux. Avec la même insouciance dont avaient fait preuve les premières Sociétés qui ont accordé des retraites, on fixe le taux des pensions à un chiffre élevé, puis le nombre des candidats augmentant sans cesse, alors que les ressources du fonds commun n'augmentent plus dans la même proportion, on se trouve réduit à reculer l'entrée en jouissance des pensions, ou même à en servir, dont la quotité est loin de répondre aux besoins les plus réels du travailleur. Une telle alternative condamne énergiquement la méthode qui l'engendre et fait en conséquence un devoir strict d'y renoncer.

L'institution du fonds commun méconnaît en outre un double principe essentiel pour qu'un service de pensions soit bien établi, à savoir, nous l'avons vu, qu'il soit alimenté par des ressources certaines et qu'en outre ces ressources soient rigoureusement calculées par rapport aux engagements auxquels il s'agit de faire face. Ceci est de toute évidence et les mutualistes qui soutiennent le fonds commun, n'ont jamais pensé à nier cette pratique. Il faut donc conclure que les associations mutuelles qui veulent sérieusement servir des rentes de vieillesse, doivent renoncer à l'usage tel qu'il est pratiqué aujourd'hui du fonds commun, et exiger de leurs participants le versement de cotisations spéciales en vue de leur constitution.

Il n'y a pas d'autre moyen pour elle de délivrer avec certitude, à époque fixe, des pensions utiles et toute promesse de retraite faite en dehors de cette règle est illusoire et trompeuse. Tant qu'elles ne s'y conformeront pas, leurs adhérents ne seront jamais comme on l'a dit justement que « des candidats à pension » (1), qui réussiront dans leurs candidatures, s'il y a des fonds vacants de pensionnés ou qui, en cas contraire, devront attendre que par décès, des videss e produisent, pour être à leur tour nantis des droits ouverts à leurs profits.

L'expérience du passé ne permet plus à ce sujet ni doute, ni contestation.

Avant de conclure, il nous reste à parler d'une solution mixte fort en faveur dans les milieux mutualistes qui consiste dans la combinaison des deux systèmes en rejetant ce que chacun d'eux a d'excessif et de dangereux.

D'après ce système, il faudrait employer en livrets individuels à la Caisse des Retraites une portion seulement la plus grande, les 2/3 ou même les 3/4 des cotisations afférentes à la retraite.

(1) Le mot est de Léon Say.

L'autre partie, ainsi que les cotisations des membres honoraires, les dons, les legs, etc., et généralement toutes les ressources ne provenant pas du sacrifice individuel des sociétaires, irait grossir le fonds commun dont les revenus serviraient à servir des suppléments de pension.

Par ce moyen, le livret individuel, tout en donnant la certitude de recevoir une pension basée sur les efforts et les sacrifices de chacun, ne serait pas une cause de discussion puisque des avantages provenant du patrimoine commun reviendraient aux porteurs de ces livrets.

Le fonds commun ainsi limité a le double mérite de maintenir un lien entre la Société et ses membres en offrant à ceux-ci une grande partie des avantages qu'ils y trouvent aujourd'hui et d'éviter les dangers que nous avons signalés.

De plus, la division ostensible du montant de la pension en deux parties dont l'une résulte du livret et l'autre du fonds commun est heureuse. Elle montre bien aux intéressés le résultat de leurs efforts et la part supplémentaire que la Société leur procure.

Quels que soient les avantages que trouvent à cette combinaison les mutualistes qui la préconisent, elle nous paraît peu de nature à ramener les Sociétés mutuelles dans le droit chemin. Nous avons déjà vu combien minime est la part de cotisation du sociétaire qu'il est possible de soustraire aux dépenses de maladie.

Quel intérêt y aurait-il à mettre les 3/4 ou même le 4/5 d'une somme aussi dérisoire sur le livret du sociétaire. Quelle rente viagère pourrait-il espérer par ce moyen ?

Avec cette combinaison, nous ne nous serions pas éloignés beaucoup du fonds collectif et nous n'aurions pas fait faire un pas de plus à la question.

Nous avons du reste à côté de nous comme exemple pratique les Sociétés mutuelles qui adoptent le système du livret individuel. Ce sont les Sociétés mutuelles scolaires, qui ont pris en France un merveilleux essor, et qui sont appelées à de magnifiques résultats.

La France en possède aujourd'hui 1,000 environ comprenant 350,000 enfants. L'enfant y est admis dès l'âge de 3 ans, jusqu'à la fin de sa scolarité primaire, et plus longtemps s'il veut continuer son affiliation. Sa cotisation est de 10 centimes par semaine, dont la moitié est employée à le soigner lorsqu'il est malade et dont l'autre est destinée à constituer sa pension de retraite. Ces 5 centimes sont inscrits sur son livret individuel. Quand il entre à la Société de Secours mutuels, il est déjà en possession de l'outil merveilleux destiné à lui assurer une vieillesse paisible et il n'a plus qu'à continuer ses habitudes d'épargne et d'économie.

Aussi, le jour où tous les enfants apprendront à l'école non pas seulement la théorie, mais la pratique

(1) MATRAT, *La Mutualité scolaire* (*Revue de la Prévoyance et de la Mutualité*, 1888).

de l'épargne pour la vieillesse, et qu'ils arriveront à la vie active en possession du livret individuel de retraites, « ces nouvelles recrues entrant en masse « dans les Sociétés de Secours mutuels, on peut « dire (1) que le fonds collectif aura vécu ».

Nous avons aussi l'exemple des Sociétés libres. Privées volontairement des avantages que l'Etat mettait à leur disposition, avec un nombre restreint de membres honoraires, elles sont arrivées à soigner leurs malades et à assurer à leurs vieillards de véritables pensions de retraites.

Ne pouvant user du fonds spécial de retraites que l'Etat réservait aux Sociétés approuvées, elles ont adopté divers systèmes. Les unes se chargent d'assurer directement le paiement des rentes qu'elles promettent, d'autres recourent, pour l'établissement des pensions, à la Caisse des Retraites. Elles ont chaque année à dégager, sur le montant global des cotisations, la part afférente aux diverses éventualités contre lesquelles elles tendent à prémunir leurs adhérents. Puis, cette ventilation faite, la quotité représentant l'assurance-vieillesse est répartie entre tous les sociétaires et la somme ainsi obtenue est ensuite versée au nom de chacun d'eux à la caisse de l'État.

Avec ce système, elles ont malgré les difficultés de toutes sortes que l'administration cherchait à leur sus-

(1) MATRAT, *La mutualité scolaire* (*Revue de la prévoyance et de la mutualité*), année 1888.

citer, fait œuvre utile et proportionnellement, elles ont rendu plus de services que les Sociétés approuvées. Elles sont fières aujourd'hui de leur œuvre. Il existe aujourd'hui 3,000 Sociétés libres fonctionnant bien, 370,000 sociétaires et un capital de 40 millions de francs.

En résumé — en attendant la période idéale de la mutualité, où l'ouvrier sera véritablement lui-même l'artisan de sa destinée meilleure — il nous faut conserver les subventions gouvernementales, les cotisations des membres honoraires et les Fonds de Retraite ; puis il serait bien difficile pratiquement, pour ne dire impossible, de partager entre les diverses Sociétés existantes, les fonds actuellement existant et formant le patrimoine de la mutualité.

Mais ainsi maintenu, nous admettons volontiers que ce fonds spécial provenant des subventions de toutes sortes soit déclaré inaliénable, mais sous la réserve expresse que les membres participants puissent disposer (1) de l'*intérêt* de ces fonds pour le service de leurs pensions. Ces pensions qui seront inscrites sur leur livret individuel et qui proviendront du sacrifice personnel du participant au moyen d'une cotisation spéciale versée dans ce but, seront

(1) Disposer dans le sens absolu du mot, c'est-à-dire que ces intérêts, alimenteraient des pensions à capital aliéné au profit des sociétaires, car, aujourd'hui, ces intérêts servent à donner des pensions aux mutualistes, mais, comme le capital, ils sont inaliénables et au décès du pensionnaire ils font retour à la Société.

accrues du fait des intérêts de ce fonds spécial, qui seront répartis chaque année entre les livrets des sociétaires.

Les Sociétés de Secours mutuels devront en outre encourager leurs membres à faire des versements, à capital aliéné.

Nous savons quelles sont les considérations morales que l'on fait valoir ordinairement, pour proscrire les versements à capital aliéné. Par ce moyen, dit-on, on ne songerait qu'à augmenter sa pension par pur égoïsme, alors qu'on laissera à sa mort une famille dans la misère, que la prise du petit capital de la pension aurait pu momentanément soulager.

Ces considérations morales ne sont pas sans valeur, et nous nous ferions avec joie les partisans du capital réservé en faveur de la famille, s'il devait donner des résultats satisfaisants. Mais la statistique est là, qui nous prouve qu'il est éminemment plus avantageux pour la petite épargne, de se créer des pensions à capital aliéné. De ce fait, la pension sera plus élevée d'un tiers, souvent de moitié. Puis, le but qu'on cherche par les pensions viagères de retraite n'est pas de conserver un capital pour le rendre à ses héritiers. Nos pensionnés des Sociétés mutuelles, appartiennent à cette classe où « l'héritage est inconnu » (1), et ils ne demandent à cette assurance que de mettre leur

(1) Ferrouillat, Rapport à l'Assemblée constituante.

vieillesse à l'abri du besoin les enlever à l'hospice, et leur permettre d'achever leurs vieux jours au milieu de leurs enfants dont ils seraient la charge, s'ils n'apportaient avec eux de quoi les faire vivre.

Nous n'avons envisagé que la question du capital réservé au profit du sociétaire, tant celle du capital réservé au profit de la Société nous paraît immorale et dangereuse. Nous avons déjà, du reste, eu l'occasion de nous prononcer sur cette question, et nous avons fait justice d'un système qui, pour cause d'assistance future, exproprie les sociétaires présents d'un capital qui leur est logiquement dû et que la Société doit dépenser pour eux.

La retraite sur livret individuel, voilà donc la vraie retraite, la seule équitable. Elle seule, en effet, assure à la famille et à son chef, tout le profit du capital qu'ils ont versé à l'aide de leur épargne commune.

Telle était la pensée qu'exprimait le Ministre de l'Intérieur lors de la discussion de la loi.

Nous reproduisons intégralement ses paroles : elles résument admirablement les idées que nous avons développées.

« Les fonds versés dans la Caisse sociale, disait-il,
« s'abîment dans les profondeurs de la Caisse des
« Retraites au profit des sociétaires à venir, toujours
« inconnus, et au préjudice du père de famille et de
« tous les siens.

« Pour que l'épargne aboutisse à des résultats, il

« ne faut pas que les versements du sociétaire soient « anonymes : il faut, au contraire, qu'au moment où « il verse une somme quelque minime qu'elle soit, il « sache que cette somme lui donne un droit personnel, « irrévocable à une pension fixe, à une date précise.

« Avec cette certitude, l'ouvrier muni de son livret, « véritable titre de rente qui le suivra partout, réunira « ses efforts à ceux de ses enfants pour augmenter « l'épargne commune; il fera de la sorte de l'épargne « en famille. Avec la retraite collective, au contraire, « ses économies sont à jamais perdues pour sa famille; « s'il se déplace, il est exclu de la Société, où si la « misère ne lui permet plus de payer ses cotisations, « elles sont perdues également » (1).

(1) *Journal officiel*, janvier 1886, p. 87.

CONCLUSION

Nous avons vu que malgré les sacrifices qu'elles se sont imposés, malgré les subventions de l'État et des particuliers, les Sociétés ne sont arrivées à donner à leurs vieillards que des pensions de retraite absolument insuffisantes.

En présence de cette faillite, certains mutualistes se rangeant à l'opinion adoptée par le législateur de 1850, prétendent qu'il convient de laisser à chacun, suivant ses facultés, le soin de son épargne pour la vieillesse et de restreindre les Sociétés mutuelles au seul cas de la maladie. Réduites même à ce seul risque, elles seraient encore d'après eux impuissantes avec leurs seules ressources à l'assurer parfaitement.

C'est qu'en effet, malgré les grands services rendus, il existe bien des lacunes dans le service de la maladie et ces lacunes n'existeraient pas si l'on se décidait à appliquer au seul cas de maladie le montant global des cotisations actuelles. Ainsi presque toutes les Sociétés sont dans l'obligation de supprimer les secours après un certain temps de maladie, trois mois en moyenne, six mois au maximum, et cela au moment où la prolongation de la maladie rend la situation du mutualiste plus malheureuse encore. Et en matière de maladies chroniques, dans quel dénuement ne laissent-elles pas le sociétaire qui en est atteint, et qui ne peut compter pour vivre sur l'allocation dérisoire que des statuts impitoyables vont lui accorder.

Donc, le vrai domaine de la mutualité, celui dont on n'aurait jamais dû la faire sortir, c'est la maladie. Dans ce domaine, les services qu'elle rend tous les jours, ceux qu'elle a rendus dans le passé sont inappréciables. Simplifiez son rôle en le réduisant à ce seul cas, limitez son domaine, sans cela, l'expérience le montre, vous n'arriverez qu'à des résultats insignifiants et vous aurez pour l'avenir faussé un instrument merveilleux.

Au reste, est-ce bien à la Société de Secours mutuels qu'il appartient de constituer à ses risques et périls des pensions de retraite, alors que nous avons pour recevoir l'épargne du pauvre et les Caisses d'épargne et la Caisse des retraites.

La Caisse des retraites n'est pas autre chose, au fond, qu'une grande Société de Secours mutuels, ne visant que le risque de la vieillesse et qui s'étend sur tout le pays. Même elle a le grand avantage, ses assurés étant nombreux, de pouvoir ainsi plus facilement tenir ses engagements.

Cette objection n'est pas sans valeur et nous concédons volontiers que ce serait en effet fausser le caractère des Sociétés de Secours mutuels que de ne les envisager que sous le rapport principal des pensions.

Elles n'ont pas été créées originairement dans ce but et comme l'a dit Léon Say, l'assurance contre la maladie a été la « cellule originaire » de la mutualité.

Mais nous ne voulons pas empiéter sur le service primordial de la maladie et nous sommes d'avis que les pensions de retraite ne doivent constituer qu'un service complémentaire et non obligatoire. Mais ces concessions faites, nous croyons utile de maintenir ce service des pensions de retraites et en tout cas nous sommes loin de partager les idées généralement admises sur les bienfaits des Caisses d'Epargne ou de la Caisse des Retraites.

Ce n'est pas que ces deux institutions ne puissent excercer sur l'ouvrier la plus bienfaisante influence. L'ouvrier qui s'adresse à ces Caisses, contracte par la pratique de l'épargne les plus saines habitudes morales. Mais ces ouvriers sont en somme peu nombreux et les Caisses d'épargne ne répondent pas à tous les besoins du travailleur.

Le retrait des fonds est facultatif à toute époque. Il n'y a donc pas là de digue assez forte contre l'entraînement et la dissipation. La somme versée ne s'accroît d'ailleurs que dans des proportions relativement assez faibles et atteignît-elle le maximum légal du dépôt, elle forme rarement une ressource suffisante pour cette circonstance difficile entre toute, la vieillesse.

Si donc, il faut propager le plus possible les Caisses d'épargne, s'il faut considérer un livret quelque minime qu'il soit, comme un premier fondement de salut pour le pauvre, il faut cependant chercher dans une autre forme un moyen plus décisif et plus souverain.

La Caisse des Retraites n'encourt pas, il est vrai, les mêmes critiques. Mais si par ce moyen l'ouvrier peut se constituer une pension sérieuse, mettant à l'abri ses vieux jours, il ne semble pas qu'il ait pris l'institution en sérieuse estime.

Puis, la Caisse des Retraites fût-elle infiniment plus connue qu'elle ne l'est, qu'il lui faudrait néanmoins des intermédiaires.

Lorsque l'ouvrier ne se reposant plus sur la maxime décevante « à chaque jour son pain », a conçu l'idée de la prévoyance et qu'il est entré dans une Société de Secours mutuels, il est nécessaire de profiter de sa prévoyance pour le délivrer à la fois des soucis de la maladie et de la vieillesse.

En outre, la pension de retraite rend de grands services aux Sociétés de Secours mutuels elles-mêmes. C'est souvent pour l'ouvrier le plus grand bienfait qu'ils reconnaisse à ces Sociétés. Il hésiterait à entrer dans une Société qui ne lui assurerait que des secours contre la maladie, car il ne sent pas le germe du mal en lui et il peut avoir l'espoir de n'être pas atteint. Mais, la vieillesse, elle, se présente tous les jours à son esprit, il appréhende le moment où il ne pourra plus travailler et ne pouvant gagner le moindre salaire, il sera contraint à tendre la main. Tandis qu'entré dans une Société de Secours mutuels, insensiblement et sans qu'il s'en doute, en versant tous les mois une cotisation minime, il est débarrassé de ce grand souci et il est sûr de n'avoir pas plus tard à mendier son pain.

La pension de retraite ne recrute pas seulement des adhérents pour les Sociétés de Secours mutuels, elle *attache* le membre participant à sa Société, et la crainte de perdre un avantage si apprécié, le rend plus attentif à ses devoirs. Quel bienfait ne rendent pas à ce point de vue à la Société les pensions de retraite, quand on songe au personnel d'élite qui fait partie des Sociétés mutuelles.

Gardons donc la pension de retraite, mais il importe de lui faire une place très subordonnée et qui n'affaiblisse pas trop l'assurance contre la maladie. On ne devra y consacrer qu'une prime de cotisation très petite. Très petite aussi sera la pension, mais il ne peut en être autrement, car, parmi les membres participants, il en est qui ne pourront faire d'avantage. Quant à ceux qui seraient plus fortunés, rien ne les empêcherait de s'adresser à la Caisse nationale des Retraites pour ajouter autant qu'ils le pourront à la pension promise par la Société.

C'est, en effet, aux premiers avant tout, que la Société doit rester ouverte, et une prime de cotisations élevée consacrée à la retraite serait une épargne faite, non plus sur le gain journalier du membre participant qui n'y pourrait suffire, mais sur des secours éventuels qui seraient de première nécessité en cas de maladie grave et prolongée.

Il ne faut pas du reste méconnaître les bienfaits de ces petites pensions que donnent les Sociétés mutuelles, les seules que comporte une faible cotisation. Chez des gens pauvres, ils n'en faut pas davantage pour faire passer de la gêne à l'aisance et il importe de mesurer l'efficacité du secours à la condition sociale, aux habitudes et aux besoins de ceux qui les reçoivent.

Mais, pour que la création des retraites devienne une réalité, il convient que les Sociétés de Secours mutuels, usant de toutes les facilités que leur donne la loi et se conformant aux prescriptions de la science, se décident à établir à côté de la cotisation pour la maladie une cotisation spéciale pour la retraite. Sans cotisation spéciale payée par les sociétaires, elles ne peuvent arriver à rien de sérieux.

Il est vrai que les Sociétés de Secours mutuels sont avant tout des Sociétés fraternelles et c'est chez elles qu'on trouve la plus belle application du principe de la solidarité sociale. Mais elles sont aussi essentiellement des institutions de prévoyance et d'assurance et à ce titre, elles doivent être en même temps que fraternelles des Sociétés à base scientifique, sous peine de voir leur avenir compromis à un moment donné. « Si le cœur, « disait L. Say dans un de ses rapports, doit être le moteur « de ces institutions, c'est la science qui doit en tenir « le gouvernail ».

Or le véritable but économique des Sociétés est de fournir l'assurance à bon marché aux travailleurs peu fortunés et au fond la seule différence qui existe entre les opérations des Caisses d'assurances et celles des Sociétés de Secours mutuels, les risques courus étant les mêmes, c'est que dans ces dernières, les primes sont dégagées des frais qui représentent pour la Caisse d'assurance les dividendes à payer aux actionnaires et les frais d'administration et de gestion.

Il leur faut donc établir nécessairement une exacte péréquation entre leurs engagements et leurs ressources. Et le seul moyen pratique consiste à avoir autant de primes et de cotisations qu'elles assurent de risques ou tout au moins à prélever sur la cotisation unique la part afférente à chaque nature d'assurance.

Dans la lutte contre la misère, aucune institution n'a rendu plus de services aux hommes que les associations dans lesquelles l'esprit de prévoyance se combine avec la mutualité. Non seulement les Sociétés de Secours mutuels assurent à l'ouvrier par le sacrifice d'une faible partie de son salaire un secours efficace contre la maladie, la vieillesse, la misère, non seulement elles le rendent plus heureux en lui donnant la sécurité d'une situation vraiment précaire, mais encore elles le moralisent autant qu'elles le soulagent (1).

(1) Si l'épargne est belle, ce n'est pas seulement à cause de ses résultats matériels, mais à cause de l'effort moral qu'elle exige. Epargner c'est faire acte de vertu (Cheysson, *Congrès d'économie sociale*, 5e réunion, 17 juin 1889, Paris).

Il est donc de la plus grande utilité de propager cette institution dans l'intérêt de la société tout entière. L'État y trouvera un grand avantage, car, même si ces subventions doivent augmenter dans la suite, la charge toujours croissante que lui imposent les établissements de bienfaisance sera singulièrement allégée. Et il n'y a pas de meilleure école de moralité. Elles développent chez l'ouvrier l'esprit de famille qu'il risquerait vite d'oublier dans notre société d'individualisme à outrance.

Elles l'arrachent à l'isolement et à de fâcheuses suggestions et le relèvent à ses propres yeux, car c'est dans le fruit de son travail qu'il trouve le soulagement de sa détresse (1).

S'il est vrai, comme l'a dit Léon Faucher (2), que la vie industrielle moderne ait fait brèche à la famille et s'il faut prendre son parti de voir la vie des ouvriers avoir deux faces à l'avenir, le foyer domestique et la Société, quel n'est donc pas le mérite de ces associations mutuelles, qui offrent au moins le souvenir et plus encore le type agrandi de la famille ?

La Société de Secours mutuels, telle que nous la désirons, aidant l'ouvrier dans toutes les crises de la vie avec ses rapprochements intimes du maître et

(1) « Si tous les travailleurs appartenaient aux Sociétés mutuelles, le prolétariat, dernier reste de la servitude, cesserait. La classe ouvrière existerait par elle-même : elle aurait une condition indépendante (*Revue des Deux-Mondes*, 1er mars 1859).

(2) *Etudes sur l'Angleterre.*

de l'ouvrier, ses associations, ses réunions, sera la forme tutétaire que nous recherchions au début de ce travail et qui donnera à l'industrie et au travail « cette « âme qu'ils avaient à une autre époque et qui leur « manque aujourd'hui » (1).

(1) Laurent, *op. cit.*

LES RETRAITES A L'ÉTRANGER

Pendant que le problème de l'assurance contre la vieillesse provoquait les diverses interventions législatives que nous venons d'étudier, il suscitait également à l'étranger des projets et des solutions dont l'étude offre un grand intérêt.

Leur exposé répond donc à une véritable utilité et il n'y a pas de meilleur moyen de s'éclairer sur la valeur des différents systèmes en vigueur chez nous.

Malgré le vif intérêt que nous avons donné à l'étude des législations étrangères relatives au problème de l'assurance contre la vieillesse, nous voulons écarter de parti pris dans cette revue tous les pays qui, comme l'Allemagne, consacrent l'assurance obligatoire, ou comme le Danemark ont une loi des pauvres, parceque ces législations n'ont en réalité qu'une analogie lointaine avec notre législation pratiquant l'assurance libre et qu'une telle étude nous aurait entraîné trop loin.

Nous n'avons donc gardé que l'Angleterre, la Belgique et l'Italie, parce que ces pays nous offrent l'étude d'institutions semblables à celle que comportait notre sujet.

Angleterre.

Les Sociétés d'Amis (Friendly Societies), très nombreuses en Angleterre, ont leurs racines dans les corporations et les confréries.

Le premier acte législatif qui les régit porte la date de 1793.

Cet *act* reconnaît à toute personne le droit de fonder des Sociétés pour l'assurance mutuelle, pourvu que leurs règlements ne soient pas contraires aux lois.

Sous ce régime d'entière liberté, les associations mutuelles anglaises ont pris un développement considérable (1). Mais, par suite de malversations nombreuses et de scandales retentissants provoqués par la faillite d'un grand nombre de Sociétés qui, à l'exemple de nos Sociétés françaises, établissaient de faux calculs entre leurs cotisations et leurs dépenses, le législateur eut à intervenir et par un bill de 1819 il imposa aux Sociétés d'Amis de prendre envers leurs adhérents des engagements équivalents aux chiffres de leurs *cotisations spécialisées*.

Ce bill fut confirmé en 1819, sous Georges IV. C'était, selon notre expression moderne, la péréquation des risques et la spécialisation des cotisations exigée

(1) En 1888, d'après M. CAUWÈS (*Cours d'Économie politique*, vol. III, p. 592) les Friendly Sociétés étaient au nombre de 32,000, comptant 4 millions et demi de participants et intéressant 13 millions de personnes (femmes et enfants), et leur fortune était évaluée à 1 milliard 500 millions.

dans les statuts des Sociétés, et grâce à ces mesures très sages, les mécomptes et les malversations n'étaient plus à craindre.

Ces précautions ne parurent pas suffisantes au législateur. On s'aperçut bientôt que les sociétaires manquaient de l'expérience nécessaire pour rédiger des statuts permettant un fonctionnement normal et sûr de leurs Sociétés. Cette lacune fut comblée par le bill de 1850 qui offrait aux Sociétés l'existence légale et des avantages divers, à la seule condition de faire enregistrer leurs statuts par un fonctionnaire public et gratuit, *Registrar*.

Le registrar examine les statuts et introduit, s'il y a lieu, les modifications nécessaires. Les Sociétés, une fois enregistrées, doivent envoyer au registrar un état annuel de leur situation et un état quinquennal contenant un inventaire du passif et de l'actif, avec estimation des risques et des prévisions qui y sont affectées.

Si ces formalités ne sont pas remplies, ou que l'enregistrement ne soit pas accordé, les Sociétés d'amis qui ont refusé de se soumettre à ces règles n'en existent pas moins, mais elles sont soumises à la loi générale sur les associations, sans pouvoir prétendre aux faveurs légales qu'entraîne l'enregistrement, par exemple :

1° La reconnaissance de la personnalité civile.

2° Le droit de verser des fonds à la Banque d'Angleterre.

3° Le droit de posséder des biens mobiliers et immobiliers sous le nom des administrateurs successifs.

Un act de 1875 réglemente le retrait ou la suspension de l'enregistrement. Des acts de 1876, 1879, 1882, 1883, 1889 vinrent ensuite modifier ou compléter l'act de 1875, en visant les faveurs conférées par la loi aux Sociétés enregistrées.

Le champ de la prévoyance, a été de bonne heure en Angleterre très étendu. Les Friendly Societies, outre l'allocation d'indemnités en cas de maladie, de secours médicaux et pharmaceutiques, de pensions pour la vieillesse, de frais funéraires, assurent aussi en cas de décès, soit les sociétaires eux-mêmes, soit les femmes et les enfants de ces derniers : elles distribuent des secours à leurs membres voyageant à la recherche du travail ou tombés en détresse en cas de naufrage, pertes ou avaries de bateaux ou filets, assurent contre l'incendie les outils ou instruments professionnels et la pratique de ces ordres si divers d'assurance ne les empêchent pas d'être enregistrées, sauf toutefois quand les secours par voie d'annuité dépassent 50 livres sterling (1,250) par an, ou si elles ont des assurances dépassant 200 livres sterling (5,000).

En Angleterre les Sociétés d'amis ont pratiqué de bonne heure en faveur de leurs membres, les assurances sur la vie, qui tiennent lieu de nos Sociétés de Retraites ; souvent aussi, elles se sont adressées pour le même objet à des Compagnies privées qui assuraient des rentes viagères ou un capital en cas de décès.

A ce sujet, des abus et des vols se sont produits, et nombre de Sociétés ont été obligées de liquider ou de faire banqueroute. L'Etat a été amené à intervenir et cette intervention des pouvoirs publics s'est traduite par la création (act. du 14 juillet 1864), d'une Caisse gérée et garantie par l'Etat, ouverte à tous les versements et réalisant à la fois l'assurance en cas de décès et l'assurance en cas de vie sous la forme de rente viagère.

L'Etat, disait Gladstone, pratiquera « ces assurances » avec plus de sûreté et de justice que les Compagnies « privées. Lui seul est capable, en effet, de donner « aux Sociétés d'amis, la sécurité absolue qui est « nécessaire à leur développement ».

Malgré les affirmations de l'éminent homme d'État anglais, cette expérience n'a pas réussi et l'insuccès de cette Caisse a été si complète qu'il semblerait presque que la population ignore jusqu'à son existence.

Ainsi, en 1878, 14 ans par conséquent après son établissement, le résumé de tous les contrats qu'elle avait passés ne n'analysait encore qu'en 5,740 polices d'assurance en cas de décès, représentant un ensemble de capitaux de 451,922 livres sterling, et 9,487 contrats de rente viagère dont 8,834 de rente viagère immédiate et 653 de rente viagère différée, représentant un total de rentes de 12,745 livres sterling (1). Ce qui fait comme moyenne de ses opérations, d'après le rapport du Select Committee on National Provident Assurance, en cas de décès 255 contrats seulement et 876 contrats de rente viagère immédiate et 66 de rente viagère différée (2).

A côté des Friendly Societies, les Trade Unions ont organisé la prévoyance volontaire.

Nous étudierons seulement les Friendly Societies ; elles ne présentent pas toutes les mêmes caractères.

Dans une première catégorie on peut ranger : 1° les *dividing Societies*, Sociétés mutuelles, dans lesquelles un fonds commun alimenté par les droits d'entrée et les cotisations est constitué. Ce fonds sert à couvrir les dépenses occasionnées par les frais de maladie ou d'enterrement des sociétaires, et le surplus est considéré comme le *boni* que les sociétaires se partagent au bout d'un certain temps, une année par exemple.

Dans cette catégorie sont compris les *local village and country Societies*, sociétés formées par des groupes de villageois; 2° les *local town Societies*. Ces Sociétés diffèrent des précédentes en ce qu'elles groupent des citadins au lieu de villageois ; mais le fonctionnement est le même que celui des *dividing societis*.

Dans une seconde catégorie on peut ranger : 2° les

(1) Chaufton, *Les assurances, leur passé, leur présent, leur avenir*.
(2) *Bulletin de l'Office du travail*, déc. 1895.

Deposit friendly Societies. Ces Sociétés offrent pour trait caractéristique une combinaison de la Caisse d'épargne et des Sociétés de Secours mutuels.

Les secours alloués aux membres malades sont prélevés en partie sur un fonds commun d'assurance et en partie sur le crédit individuel du sociétaire, crédit représenté par ses dépôts. Il perd tout droit aux secours le jour où le crédit est épuisé.

Dans des catégories différentes il faut mettre aussi les *Sociétés de comtés* qui tirent leurs ressources en partie des cotisations des adhérents, en partie des dons faits par des bienfaiteurs locaux.

2° Les *burial Societies,* qui ont surtout pour but d'exonérer leurs veuves et leurs orphelins du paiement des frais funéraires. Mais accessoirement ces groupes assurent aussi contre le risque de maladie.

3° Les *factory Societies and railway company Societies*, institutions patronales de prévoyance fondées et subventionnées par certains chefs d'industrie ou par des Compagnies de chemins de fer, au profit de leur personnel.

4° Les *Workingmen's orders* dont les deux principaux sont l'Indépendant order of Foresters et la Manchester Unity. Ce sont de très vastes Sociétés se subdivisant en branches, loges ou sections et qui assurent tous les risques.

On pourrait, en lisant cette longue énumération des diverses catégories de Sociétés de Secours mutuels être amené à penser que la prévoyance volontaire ainsi multipliée a dû pourvoir à l'organisation de l'assurance contre la vieillesse et à la création de Caisses de Retraites en nombre suffisant pour répondre à tous les besoins. La vérité est, au contraire, que l'œuvre des Friendly Societies dans cet ordre d'idées à être très restreinte. Ainsi que le dit justement M. Emile Chevalier dans son livre *La loi des pauvres et la Société anglaise*, p. 813 : « Même dans les meilleures Sociétés la cotisation en vue d'une retraite n'est pas populaire ».

Toutefois, quelques grandes Sociétés comme la Manchester Unity qui, dès 1890, comptait 673,073 membres et l'Ancient Order of Foresters qui, à la même date, en comptait 693,505, ont résolu ce problème en décidant que quiconque voudrait s'assurer une pension de vieillesse lorsqu'il aurait atteint 65 ans, devrait à cet âge renoncer à en cumuler le bénéfice avec celui de l'assurance contre la maladie et ne pourrait à l'avenir rien réclamer de ce chef. Il obtient alors en échange de cette renonciation une diminution de sa cotisation afférente au risque maladie égale à la différence entre le coût de l'assurance-maladie pour la vie entière et le coût de la même assurance jusqu'à 65 ans.

Lrs nouveaux statuts des Foresters assurent à leurs adhérents une pension de retraite *(superannuation allowance)* de 5 shellings (6 fr. 25) par semaine, moyennant le paiement d'une contribution qui varie, selon l'âge auquel l'assurance est contractée : de 12 shellings 4 pence pour un assuré de 18 ans à 4 livres sterling 12 shellings 9 pence pour un assuré de 50 ans. Après cet âge, l'assurance ne peut plus être contractée. Et en cas de décès avant 65 ans, les primes en principe ne sont pas remboursées à moins que l'on ne souscrive une contre-assurance, ce qui double presque le montant de la prime.

Il existe aussi d'autres Sociétés, procurant également à leurs sociétaires les moyens de s'assurer contre la vie. Mais, d'une matière générale, on peut dire que cette assurance en tant qu'elle concerne les classes ouvrières est, ainsi que l'a dit M. Baernreiher, l'auteur des *Workingmen's associations*, « une institution encore dans l'enfance ».

La plupart des Sociétés se contentent d'assurer leurs adhérents contre la maladie et les accidents : parfois elles se chargent des frais funéraires, mais la question des retraites demeure le plus souvent en dehors et au-dessus de leurs prévisions.

L'ouvrier anglais ne s'assure que peu ou point contre la vieillesse et il est difficile de lui en faire un grief, car il lui est souvent impossible de prélever sur son salaire la prime nécessaire à cette assurance (1).

(1) Martin St-Léon, *Une Réforme sociale en Angleterre*. « Le nouveau projet de loi sur les pensions aux vieillards indigents et méritants » (Aged deserving poor).

Nous avons incidemment parlé des Trade-Unions et nous avons dit qu'elles organisaient concurrement avec les Friendly Societies la prévoyance volontaire. Quelques-unes de ces associations ont fondé, au profit de leurs adhérents, des Caisses de retraites (superannuation benefits). Mais la grande majorité des associations professionnelles n'a encore créé aucune institution de cette nature. « Un petit nombre de Sociétés (1) paient « des pensions de retraites à leurs membres. 40 des « 100 principales unions se trouvent dans ce cas, « mais nous croyons que toutes les autres Sociétés « réunies n'ont pas dépensé de ce chef, en 1897, plus « de 8,000 livres sterling (200,000 fr.). Ici, comme « pour le Friendly Societies, ce sont les Sociétés les « plus puissantes et les plus riches qui ont pu seules « entreprendre ce service ».

Malgré le grand développement des Sociétés d'amis qui, englobant un nombre considérable d'ouvriers, et lui apprenant à pratiquer les multiples bienfaits de l'assurance, parviennent à les mettre à l'abri de la misère, malgré les beaux résultats acquis et en présence des progrès à accomplir dans cet ordre d'idées, une partie de l'opinion en Angleterre, sous l'influence des idées et des doctrines de l'Allemagne, se détache des vieilles idées de *self help*, et entreprend une active campagne en faveur de l'assurance obligatoire.

(1) Rapport officiel du *Board of Trade sur les Trade-Unions*, 1897, p. 13.

En ce sens, plusieurs projets furent déposés au Parlement. Nous ne pouvons songer à les étudier tous. Nous ferons connaître, pour donner une idée seulement, celui élaboré par le R. Blackley, chanoine honoraire de Winchester.

Il consistait à obliger toutes les personnes des deux sexes à verser, entre 18 et 21 ans, une somme de 10 livres sterling dans la caisse d'une Société nationale d'assurances, moyennant quoi les classes dépendant du salaire auraient eu droit à 8 shellings par semaine de maladie, et après 70 ans à une pension de 4 shellings par semaine.

Cette proposition fut écartée. L'assurance obligatoire fut cependant reprise par le National Provident League, qui nomma pour président M. Chamberlain. Ce dernier, arrivé aux affaires, ne parut pas se souvenir comme ministre, des opinions qu'il avait manifestées comme député de l'opposition, et l'impression qui se dégage actuellement, en présence de toutes ces tentatives, c'est un scepticisme absolu pour une solution pratique de cette question de l'assurance obligatoire. Ce scepticisme laisse présager pour longtemps encore en Angleterre le maintien du *statu quo*.

Belgique.

Dans ce pays, une loi ancienne du 3 avril 1851 avait déjà établi les Sociétés de Secours mutuels, mais cette loi était si restrictive que jusqu'en 1887, 220 Sociétés seulement avaient été reconnues.

A cette dernière époque, une grande propagande fut faite en faveur des Sociétés mutuelles et malgré les restrictions de la loi de 1851, au 1er janvier 1894 on comptait déjà 646 Sociétés reconnues.

La loi du 23 juin 1894 étend de beaucoup la définition des Sociétés mutualistes. Une idée nouvelle s'est fait jour. Tandis qu'en 1851, on ne parlait que de charité et de bienfaisance, dans la nouvelle loi il s'agit d'un véritable droit obtenu en échange d'une cotisation volontaire.

Analyse de la loi. — Les Sociétés mutualistes, se conformant aux dispositions de la présente loi et ayant leur siège social en Belgique, seront reconnues si elles sont constituées en vue des objets suivants :

1° Assurer aux sociétaires et à leur famille des secours temporaires en cas de maladie, blessures, infirmités, naissance d'un enfant, frais funéraires ; assurer une indemnité en cas de perte ou de maladie du bétail ou de la récolte ;

2° Faciliter aux sociétaires et à leurs familles l'affiliation aux Caisses d'épargne, aux Caisses de retraite, l'achat d'objets usuels ou de consommation, d'instruments de travail, d'engrais, de semence, et leur faire des prêts ne dépassant pas 300 fr.

La loi reconnaît aussi les Sociétés ayant pour objet les risques cités ci-dessus et qui créeront en outre un fonds distinct pour aider les sociétaires âgés ou infirmes ou après décès des membres de leur famille par des allocations annuelles, prélevées sur le revenu des capitaux et autres ressources annuelles. A chaque exercice leur taux sera revisé : il ne pourra excéder 1200 fr.

Il est en outre permis aux Sociétés mutuelles de se fédérer pour admettre réciproquement les membres d'autres circonscriptions, pour organiser leurs différents services et instituer des conseils d'arbitrage destinés à aplanir les difficultés qui pourraient s'élever entre les associations et leurs membres.

Les statuts des Sociétés doivent mentionner le ou leurs objets, les conditions d'entrée et de sortie des membres, le taux des cotisations, les avantages qu'elles procurent, le genre de placement des fonds sociaux, la dissolution des Sociétés.

Pour obtenir la reconnaissance, la Société adresse sa demande au gouverneur de la province où se trouve son siège social. Celui-ci la transmet à la commission permanente des Sociétés de Secours mutuels qui fait rapport au gouvernement. La reconnaissance est refusée ou notifiée dans un délai de 4 mois, et la personnalité civile est accordée aux Sociétés reconnues dans les conditions fixées par la loi.

Pour le service des retraites, les Sociétés de Secours mutuels ont à leur disposition une Caisse des Retraites pour la vieillesse créée en Belgique par une loi du 8 avril 1850.

Calquée sur le modèle français avec seulement quelques différences dans l'âge auquel étaient permis les versements (18 ans) et dans la quotité de la rente (entre 24 et 720 fr.) cette Caisse eut en Belgique les mêmes débuts malheureux que chez nous. En 1856, elle n'avait reçu que 29,411 fr.

L'institution mourait d'anémie, et une commission fut chargée de reconnaître les causes de cet affaiblissement.

Une loi nouvelle votée le 16 mars 1865 vint réorganiser l'institution. L'économie de la loi encore en vigueur consiste dans la juxtaposition à la Caisse des retraites déjà existante d'une Caisse d'épargne. Désormais le même établissement répond à deux modes distincts de prévoyance, mais s'il centralise toutes les sommes versées en vue de la retraite, il est néanmoins tenu un compte séparé des unes et des autres.

Malgré le développement pris dans ces dernières années par les opérations de la Caisse (1), on peut constater que la population ouvrière est loin d'en avoir profité comme elle aurait pu et dès lors elle n'a pas rendu tous les services qu'on était en droit d'en attendre.

Dans les comptes-rendus annuels des opérations et de la situation de la Caisse générale d'Épargne et de Retraite on peut trouver les renseignements les plus complets et les plus détaillés sur son fonctionnement.

(1) En 1894 le nombre des bénéficiaires des rentes était de 2,342.

Nous en extrayons les renseignements principaux qui suivent :

De 1869 à 1889	le nombre des versements	ne dépasse pas...	8,000
— 1890	—	atteint environ...	19,000
— 1891	—	— ...	31,000
— 1892	—	— ...	47,000
— 1893	—	— ..	59,000
— 1894	—	— ...	69,000
— 1895	—	— ...	85,500

Les livrets des rentes crées en 1895 se décomposent comme suit, par sexes et professions :

	HOMMES.	FEMMES.	TOTAL.
Ouvriers mineurs	337	»	337
Ouvriers d'industrie	3.293	64	3.357
Journaliers et ouvriers agricoles	571	16	587
Domestiques	77	90	167
Militaires	4	»	4
Commerçants et détaillants	81	16	97
Professeurs et instituteurs	18	13	31
Fonctionnaires et employés	366	12	378
Professions libérales	94	8	102
Chefs d'établissements agricoles, industriels et commerciaux	45	2	47
Propriétaires, rentiers	65	349	414
Enfants mineurs (1)	156	113	269
TOTAUX	5.107	683	5.790

Ce sont donc les ouvriers industriels qui donnent le plus fort contingent des versements, 3,357 fr. Cette situation résulte beaucoup des encouragements donnés par les industriels à l'affiliation de leurs ouvriers à la Caisse d'Épargne et de retraite.

(1) Statistique empruntée au livre de M. DALLEMAGNE sur les *Pensions ouvrières d'invalidité et de vieillesse*, p. 55.

Au 31 décembre 1894, le nombre des personnes jouissant de la rente était de 2,342.

Le montant total des rentes auxquelles ces rentiers avaient droit, se décompose comme suit :

533 rentes de	12 à 24 fr. :	ensemble......	11,115 fr.	91
772 —	24 à 120	—	46,349	47
394 —	120 à 360	—	90,557	63
469 —	360 à 720	—	247,401	79
440 —	720 à 1,200	—	482,429	60
2,608			877,854 fr.	40 (1).

Ce qui fait une moyenne de 336 fr. 60 par tête.

A côté et concurremment à la Caisse des Retraites de l'Etat, fonctionnent des Sociétés particulières de Secours et de Retraites, affiliées à celle de l'Etat.

De même, de nombreuses administrations communales et quantité de Sociétés industrielles ont assuré leur personnel à la Caisse des Retraites.

Aussi, ne faut-il pas s'étonner devant cette inertie de la population ouvrière à se servir des instruments mis à sa disposition pour assurer leurs vieux jours, de voir les progrès que fait en Belgique l'assurance obligatoire.

Il paraît démontré qu'il appartient à l'Etat de se montrer prévoyant pour tous ceux qui ne savent pas user de leur liberté pour préparer leur avenir.

En ce sens, M. Defuisseaux, de Malander et Guchtenaere ont déposé au Parlement des propositions d'assurance obligatoire — février (1895).

(1) DALLEMAGNE, *op. cit.*, p. 56.

Italie.

La première loi italienne relative aux Sociétés de Secours mutuels date de 1886. Avant cette époque, ces Sociétés vivaient sous le droit commun.

Cette loi distingue deux espèces de Sociétés de Secours mutuels : 1° les Sociétés libres dans lesquelles le Gouvernement n'intervient en rien, qui peuvent s'administrer et s'organiser comme il leur plaît et qui ont la faculté de disposer et d'employer leurs fonds d'une manière absolue. Elles n'ont qu'à se conformer aux lois du pays. Mais, en gardant leur liberté, elles perdent le bénéfice des subventions gouvernementales ;

2° Les Sociétés enregistrées (1).

Les statuts des Sociétés qui aspirent à être enregistrées doivent avoir en vue tout d'abord : les secours aux malades, aux infirmes et aux vieillards, ainsi qu'à la famille du sociétaire défunt (art. 1).

Cela fait, elles peuvent embrasser (art. 2) toutes les manifestations de la prévoyance, à la condition de spécifier la dépense qui sera affectée à chaque genre de risque, ainsi que les moyens d'y faire face, afin de balancer exactement la recette et la dépense.

Le capital social (article 3) ne peut être employé à d'autres fins que celles indiquées ci-dessus.

L'article 4 vise l'enregistrement des statuts. Ces statuts

(1) En Italie ce sont les tribunaux et non l'Administration qui accordent cette faveur.

doivent être présentés au tribunal sur acte *notarié* (1). Celui-ci s'assure s'ils sont conformes à la loi : il ordonne alors l'affichage au greffe et l'enregistrement qui confèrent aux associations mutuelles la personnalité civile.

Cette personnalité civile donne aux Sociétés le droit d'ester en justice, de recevoir des dons et des legs, de posséder et d'acquérir sans réserve.

Les Sociétés enregistrées ne reçoivent aucune subvention ni dotation. Elles peuvent recevoir ou refuser les cotisations de membres honoraires. La loi est muette à ce sujet. Leur admission est réglée par les statuts des Sociétés dans leur entière liberté.

La loi est muette sur la question des retraites ; ainsi qu'en Belgique, c'est la Caisse nationale des Retraites qui est chargée de ce soin.

Au reste, les mutualistes en Italie jugent bon qu'avant de venir en aide aux malheureux dans leur vieillesse, il est essentiel de prévenir d'abord le mal.

Les Sociétés mutuelles commencent d'abord par organiser des coopératives de consommation pour fournir à leurs membres les vivres, les vêtements, en somme les objets de première nécessité, à meilleur marché et de meilleure qualité que chez les intermédiaires.

Chaque Société est en outre le siège d'une véritable Caisse d'épargne, qui retient sur place les économies du pays et les affecte aux emplois les plus profitables

(1) Formalité inutile qui pèse lourdement sur les finances de la Société qui se fonde.

à la classe laborieure. Il y a du reste un objet commun à toutes, c'est l'assurance contre la maladie (secours en argent, gratuité du médecin et des médicaments pour les sociétaires et leurs familles).

Quelques Sociétés servent aussi des pensions à la vieillesse et à l'infirmité. Dans ce nombre, la Société générale de Padoue, par exemple, sert 56 pensions *(sussidi continui)*, de 60 fr. par an. Elle alloue aussi des secours journaliers *(sussidi temporari)*, de 1 fr. 50 ou 1 fr. 20 pendant 60 et même 90 jours.

Toutefois, ces secours ne peuvent être obtenus qu'après 20 ans de sociétariat.

Cette Société attribue à ce service 4,000fr. par an représentant l'intérêt des 4/5 de son capital (100,000fr.) et le revenu du dernier 5me est réservé pour les maladies.

A Padoue, à Crémone, à Bologne, dans nombre d'autres grandes villes, les Sociétés de Secours mutuels sont entrées dans la voie des retraites ouvrières.

A Crémone, une Société de Secours mutuels sert des pensions de 182 fr. 50 à partir de 65 ans. Sur la cotisation moyenne du sociétaire qui est de 14 fr. 66, 5 fr. passent en subsides de maladies, 3 fr. en frais d'administration et 6 fr. 66 restent pour les pensions.

Mais cette Société ne peut, avec ses seules cotisations, offrir des pensions aussi élevées et elle n'y parvient qu'à l'aide d'un crédit spécial de 300,000 fr. qu'elle affecte chaque année à ce service (1).

(1) MABILLEAU, *La Prévoyance sociale en Italie.*

En résumé, en Italie, les retraites ne sont qu'exceptionnellement organisées, seulement dans les grandes villes et d'une façon assez précaire.

« Il ne faut pas s'en plaindre, car le fonctionnement « des Caisses de ce genre présente des difficultés que « la mutualité est impuissante à vaincre seule et « l'Italie n'a pas encore établi l'obligation pour l'État « de bonifier l'intérêt des sommes amassées par les « Sociétés jusqu'à un chiffre notablement supérieur au « taux de l'argent comme viennent de le faire les Cham- « bres françaises » (1).

Mais elle entre manifestement dans cette voie ; la preuve en est dans l'initiative récemment prise par le Cabinet (2) de déposer un projet sur l'institution d'une Caisse nationale pour la vieillesse et l'invalidité des ouvriers.

(1) Léopold Mabilleau, *La Prévoyance sociale en Italie.*

(2) Proposition présentée le 23 novembre 1893, par M. Lacava, Ministre de l'Agriculture, du Commerce et de l'Industrie, de concert avec MM. Gagliardo, Grimaldi et Finocchiaro-Aprile, Ministres des Finances, du Trésor et des Postes et Télégraphes.

Vu :
Le Président de la thèse,
Raoul Jay.

Vu :
Le Doyen :
GLASSON.

Vu et permis d'imprimer :
Le Vice-Recteur de l'Académie de Paris
GRÉARD.

INDEX BIBLIOGRAPHIQUE

Hubbard. *De l'Organisation des Sociétés de Prévoyance ou de Secours mutuels, et des bases scientifiques sur lesquelles elles doivent être établies, avec tables de mortalité et de maladie*, Paris 1852.

Laurent. *Le Paupérisme et les Associations de Prévoyance. — Nouvelle étude sur les Sociétés de Secours mutuels, suivie d'une étude sur les Sociétés coopératives*, t. I et II, Paris, 1865.

Maze. *Sociétés de Secours mutuels et Caisse Nationale des Retraites. — Propositions de lois, rapports et textes législatifs*, Paris, 1881, 1886, 1888, 1889.

Serullaz. *Les Sociétés de Secours mutuels et la question des Retraites. — Histoire. — Législation. — Jurisprudence*, Lyon, 1890.

Peuvergne. *De l'Organisation par l'Etat des Caisses de Retraites pour les ouvriers*, Paris, 1892.

Cauwès. *Cours d'Économie politique*, t. III.

Jay. *L'Assurance ouvrière et la Caisse nationale des Retraites pour la vieillesse* (*Revue politique et Parlementaire*, 1895).

Martin St-Léon. *Une Réforme sociale en Angleterre. — Le Nouveau projet de loi sur les pensions aux vieillards indigents et méritants* (*Association catholique*, 1899-1900, Paris, 1899).

Fontaine (Louis). *Sociétés de Secours mutuels. — Rapport du Jury international* (Exposition universelle de 1889).

Laffitte (P. de). *Essai d'une théorie rationnelle des Sociétés de Secours mutuels*, Paris 1890

Barberet. *Les Sociétés de Secours mutuels. — Commentaire de la loi du 1er avril 1898*, Paris, 1899.

Costier. *Des Retraites ouvrières. — État actuel de la question en France et à l'étranger*, Paris, 1899.

Rougier. *La loi sur les Sociétés de Secours mutuels* (*Le mutualiste lyonnais*, nº du 1er décembre 1896).

Chaufton. *Les Assurances : leur passé, leur présent, leur avenir*, Paris, 1897.

Bellom. *Les lois d'assurance ouvrière à l'étranger*, Paris, 1895-1896.

Matrat. *La Mutualité scolaire* (*Revue des Institutions de Prévoyance*, 1887.

Villars. *La Nouvelle loi sur les Sociétés de Secours mutuels* (*Revue des Institutions de Prévoyance*, 1888.

Mabilleau. *La Prévoyance sociale en Italie*, Paris, 1895.

R. du Sart. *Les Sociétés de Secours mutuels en Belgique depuis 1830*, Bruxelles, 1896.

Cheysson. *L'Imprévoyance dans les Institutions de Prévoyance* (*Société d'Économie sociale*, 1888.

Say (Léon). Projets de lois sur les Sociétés de Secours mutuels, présenté par MM. René Goblet et Léon Say. Session 1882, 18 mars 1882.

Audiffred. Proposition de loi sur les Sociétés de Secours mutuels présentée par M. Audiffred. Rapport du même. Session 1893-1894-1896.

Congrès national des Sociétés de Secours mutuels, Paris, 1889 ; Lyon, 1883 ; Marseille, 1886 ; Bordeaux, 1894.

Léon Marie. Commentaire de la loi du 1er avril 1898 (*Revue de la Prévoyance et de la Mutualité*, 1898).

De la Grasserie. Commentaire de la loi du 1er avril 1898 (*Les lois nouvelles*).

Dallemagne. *Etude sur les pensions ouvrières d'invalidité et de vieillesse*, Liège, 1897.

TABLE DES MATIÈRES

Saint-Brieuc. — Typ. F. Guyon, rue Saint-Gilles, 4 (677-3-1900)

www.ingramcontent.com/pod-product-compliance
Ingram Content Group UK Ltd.
Pitfield, Milton Keynes, MK11 3LW, UK
UKHW022109260726
13993UKWH00001B/397